강릉 바다 요가

강릉 바다 요가

일출과 함께하는 선물 같은 하루의 시작

조은복 지음

목차

프롤로그 _6

1부 바다와 마주하기

- 지구를 드는 일이 가장 쉬워졌다 _10
- 인생 부캐를 만들다 _18
- 일상을 여행하듯 _22
- 새벽 솔숲에서 바다 요가까지 _29
- 돈값 _33
- 꾸준힘, 나를 더 나은 곳으로 이끄는 힘 _37
- 한 올 한 올, 내 삶을 그리다 _40
- 비어요가-맥주와 함께하는 유쾌한 시간 _44
- 무료라는 무례함 _48

2부 바다에서 만난 사람들

- 흙투성이 청년 _52

- 아이스박스를 들고 온 여인 _55

- 요가강사와 함께한 바다 요가 _58

- 귀여운 커플 _62

- 부산에서 강릉으로 이사 온 모녀 _68

- 독립 서점 사장님 _71

- 바다에서 만난 싱어송라이터 _74

- 갑분 엄마 _78

3부 바다와 함께하기

- 요가+러닝 _84

- 요가+굿즈 _92

- 요가+책 _98

- 요가+어싱 _102

에필로그 _104

프롤로그

매주 토요일 새벽 6시.
강릉 송정해변에는 특별한 풍경이 펼쳐진다. 탁 트인 바다를 배경으로 몸을 움직이는 요기니들의 실루엣이 새벽 햇살에 물든다. 파도 소리가 만들어내는 자연스러운 리듬 속에서 호흡하고, 바람이 전해주는 바다의 향기를 온몸으로 받아들이며, 우리는 고요히 내면을 바라본다.

이 모든 것이 시작된 건 5년 전이었다. 요가와의 인연은 그보다 훨씬 이른 15년 전으로 거슬러 올라간다.
뻣뻣한 몸을 부드럽게 풀어주고 싶어 시작한 요가는, 명상과 차분한 호흡, 그리고 몸을 움직이는 동작의 조화로 나에게 다가왔다. 하고 나면 개운했고, 더 어려운 동작들을 해내고 싶어졌다. 맨몸으로 아무 곳에서나 오롯이 나에게 집중할 수 있는 요가의 매력에 점점 빠져들었다.

강릉에서 나고 자란 나에게 바다는 늘 곁에 있는 존재였다. 강릉 하면 자연스럽게 떠오르는 건 푸르른 바다, 그 바다를 좋아하는 나로서는 바다 가까이 산다는 것 자체가 넓은 바다만큼이나 큰 행복이었다. 그리고 문득 이런 생각이 들었다. 이 멋진 장점을 살려 바다에서 요가를 하면 어떨까?

　바다, 파도 소리, 바람, 햇살, 명상, 호흡이 어우러져 고요히 내면을 바라볼 수 있는 행복의 요소들. 이런 평온한 마음을 여러 사람들과 나누고 싶었다. 여행객들에게는 특별한 강릉으로 남을 추억을, 지역 주민에게는 바다와 공감하며 여행 온 듯한 기분 좋은 여유를 선사하고 싶었다.

　처음에는 지인들을 중심으로 소박하게 시작했다. 인스타그램과 블로그에 조심스럽게 홍보하면서 차츰 더 많은 사람들이 참여하게 되었다. 다양한 직업과 나이, 서로 다른 결을 가진 사람들을 만나면서 내 삶의 스펙트럼도 점점 확장되어 갔다. 일출을 볼 수 있는 계절도 있었고, 뜨거운 태양과 씨름하며 요가를 해야 할 때도 있었지만, 지나고 나면 모든 것이 아름다운 추억으로 남았다.

　평소 책을 좋아해 천 권 읽기라는 목표를 세우고 블로그에 독후감을 쓰고 있었다. 독서 클럽도 진행하고, 필사도 하면서 언젠가는 책을 쓰고 싶다는 생각을 오래전부터 품고 있었다. 하지만 무엇을 쓸 수 있을지, 언제가 될지는 전혀 알 수 없었다. 손끝에 닿을 듯하지만 구름처럼 멀리 떨어져 있는 뜬구름 같은 꿈이었다.

그런데 바다 요가를 시작하면서 조금씩 변화가 생겼다. '어쩌면 이것이 글이 될 수 있지 않을까?' 하는 생각이 스며들었다. 나만의 특별한 경험으로 자리 잡을 수 있을 거라는 확신이 생겼다. 조금씩 기록하고 기억해 두고 싶어졌다. 블로그에 사진을 올리고 그 시간의 느낌을 차곡차곡 기록했다.

책을 쓰고 싶다는 갈망은 여전히 마음 깊은 곳에서 꿈틀거렸지만, 이제는 어둠 속에서 손을 더듬어 나가는 것처럼 더디고 불확실하기만 했던 그 길에 작은 빛이 보이기 시작했다. 바다 요가라는, 내가 직접 만들어온 이야기들이 그 빛의 근원이었다.

이 책은 그렇게 시작되었다. 매주 토요일 아침, 바다 앞에서 만난 사람들과 나눈 이야기들, 파도 소리와 함께 느낀 작은 깨달음들, 그리고 바다가 가르쳐준 삶의 지혜들을 담았다. 한 페이지 한 페이지가 바다 냄새를 품고 있고, 한 줄 한 줄마다 파도의 리듬이 흐르고 있다.

바다 요가를 통해 만난 모든 순간들이 이 글의 시작이 되었다.

1부
바다와 마주하기

내안의 바다를 발견하다
때로는 잔잔하고
때로는 거친 파도처럼
내 마음도 요가매트
위에서 자유롭게 흘러간다

ⓒ바다요가

지구를 드는 일이 가장 뭐워졌다

앉아서 컴퓨터를 하는 시간이 긴 일을 하다 보니 어느 날부터 어깨에 뻐근한 근육통이 찾아왔다. 병원 치료를 받아도 차도를 보이지 않았다. 마치 육지에 오래 머물러 굳어진 돌처럼, 내 몸은 점점 딱딱해졌다. 운동을 해야겠다는 생각이 들었고, 스트레칭으로 몸을 부드럽게 풀어주는 요가가 눈에 띄었다. 동네 주민자치 프로그램 중 요가를 신청했다. 나이 지긋하신 분들이 많았고 선생님은 인자해 보여서 편안하게 배울 수 있겠다는 생각이 들었다.

일주일에 두 번, 빠지지 않고 나가며 뻣뻣한 몸을 조금씩 움직이기 시작했다. 근육들은 단단히 뭉쳐있었고 몸뚱이는 작대기처럼 뻣뻣했다. 이런 내 몸이 생경하였다. 선생님의 설명에 맞춰 하나하나 자세를 취하다 보면 입에서 저절로 '악' 하는 비명 소리가 새어 나왔다. 작은 실핏줄들이 터지는 느낌이었다.

어느 정도 시간이 지나니 신기하게도 몸은 점점 유연해지고 동작들도 편해졌다. 상체를 숙이는 전굴자세도 부드럽게 내려가고, 다리를 찢는 동작을 할 때 '악' 소리는 점점 사라졌다. 마치 파도가 모래사장을 부드럽게 어루만지듯, 요가는 내 굳은 몸을 천천히 녹여갔다.

그렇게 2년 정도 사부작사부작 수업을 다니며 동작들에 익숙해질 즈음, 조금 더 강도 높은 요가가 하고 싶어졌다. 학원에서는 요가를 어떻게 가르치는지 궁금해졌다. 집과 멀지 않은, 퇴근 후 동선이 맞는 곳의 학원을 찾아 등록했다. 2년 정도의 수련 후라 초보는 아닐 거라는 생각에 제일 앞자리에 앉았다. 긴장한 마음으로 수업이 시작되었고 잘하고 싶은 마음은 컸지만, 몸은 생각처럼 따라주지 않았고 숨이 찼다. 정적인 운동이라 생각해 왔는데 이렇게 힘들고 땀이 나는 운동이란 것, 유산소와 많은 근력이 필요하다는 사실을 새삼 깨닫게 되었다.

요가의 매력에 더욱 빠져들었고, 잘하고 싶어졌다. 몸을 더 유연하고 강하게 만들고 싶었다. 매주 2~3회 정도 꾸준히 6년의 세월을 수련하며 요가 근육을 늘려갔다.

어느 날 우연히 물구나무서기 영상을 보게 되었다. 아무런 도구 없이 다리를 들어 올리고 허리를 꺾어 두 다리를 머리 위에 올리는 영상이 뇌리에 박혔다. 나도 해보고 싶다는 마음의 소리가 울렸다. 마치 수평선 너머 더 깊은 바다를 향한 갈망처럼.
다음날 요가 선생님을 찾아가 물구나무서기 동작은 어떻게 배울 수 있는지 물었다. 일반수업에서는 고난이도 동작을 배우기 어렵고 요가 지도자 과정에 등록하면 배울 수 있다는 답변을 들었다.

지도자 과정이라고? 한 번도 생각해 보지 않았던 요가 지도자의 길이라 고민의 시간이 필요했다. 내 몸이 과연 버텨낼 수 있을지, 몇백만 원에 달하는 자격증 비용을 들일 만한 가치가 있을지, 내 삶에 얼마나 도움이 될지 생각이 깊어졌다.

며칠 동안 주변에 얘기도 해보고 고민의 시간을 거쳐 내린 결론은 도전해 보자는 결심이었다. 해보고 후회하자는 생각이 앞섰고, 앞일은 알 수 없으니 자격증 하나 더 딴다는 생각으로 지도자 반에 등록했다.

매주 토요일 4시간의 집중 수련을 갖고 주중에는 일반수업을 들었다. 집중 수련 수업이 끝나면 며칠 동안은 근육통에 시달렸다. 유리몸이라 조금만 운동해도 근육이 잘 뭉치고, 안 쓰던 근육들을 사용해서인지 근육들이 아우성쳤다. 그렇게 내 몸과 사투를 벌이는 3개월의 시간이 지나고 4개월째에는 정말 놀랍게도 몸이 서서히 열리기 시작했다. 마치 바다 깊은 곳에서 진주를 발견하듯, 내 몸 안에 숨어있던 가능성이 하나둘 모습을 드러냈다.

요가는 단순한 운동을 넘어 삶의 철학이 되어갔다. 호흡과 함께 흐르는 동작들 속에서, 나는 내 안의 바다를 발견했다. 때로는 잔잔하고 때로는 거친 파도처럼, 내 마음도 요가 매트 위에서 자유롭게 흘러갔다.

　어렵던 동작들이 하나둘 부드럽게 가능해졌다. 후굴을 가장 어려워했는데 허리 근력이 생기면서 서서히 후굴도 자연스러워졌다. 신기했다. 몸이 이렇게 변할 수 있다는 것이. 하면 되는구나. 도착하는 시간의 차이는 있겠지만 시작이 반이고, 꾸준히 해나간다면 안 되는 게 없구나. 자신감이 생겼다.

　지도자 과정에 도전하길 잘했다는 생각이 들었다. 진짜 뭐든 시도해 보는 게 중요하다. 앞선 걱정들로 소중한 경험을 놓치지 않도록 하자고 다시 한번 다짐했다.

　드디어 기대하던 물구나무 자세를 배우는 날이 되었다. 벽을 향해 머리를 대고 두 발을 힘껏 공중으로 차올리며 벽에 다리를 대고, 서서히 벽에서 발을 떼는 연습을 했다. 정수리도 아프고 발을 떼고 균형 잡는 일은 쉽지 않았다. 집중해야 했고 복근의 힘이 상당히 필요하다는 것을 알게 되었다. 앞으로 넘어지고 뒤집어지기를 수없이 반복했다. 벽 없이 연습할 땐 두려움이 앞서 한발을 올리는 것조차 힘들었다.

　차츰 배에 힘이 들어가며 균형 잡는 법이 익숙해지고, 이 정도면 할 수 있을 것 같은 느낌이 왔다. 천천히 한 발을 올리고 다시 한 발이 올라가는 구부정하고 엉성한 물구나무 동작이 완성되었다. 찰나의 순간, 금방 무너져 내리긴 했지만, 드디어 해냈다는 성취감과 그동안 묵묵히 수련했던 시간들이 스쳐 지나갔다. 천천히 몸을 풀고 아사나를 연습하면서, 그날따라 몸이 가벼워 고난이도 동작들이 잘될 것 같았다. 잠깐의 휴식 시간 뒤 후굴 동작 후 물구나무를 섰다. 벽에 기대지 않고 집중하면서 다리를 높게 들고, 조금 더 오래 할 수 있겠다는 생각에 1분 이상 지속하며 마음이 들뜨기 시작했다.

이렇게 오래 버틸 수 있다니, 조금 더 지속할 수 있겠다는 생각에 자신감이 생기는 순간 균형을 잃고 뒤로 넘어지고 말았다. 떨어지면서 허리를 삐끗했는지 오른쪽 허리 부위가 시큰거렸고 일어날 수 없었다. 이제까지 한 번도 다친 적이 없었고, 허리 부위의 통증이라 더욱 겁이 났다.

집에 와서 허리 찜질하며 가만히 누워있었다. 다음 날 아침 일찍 병원에 가서 물리치료를 하고 약을 먹은 후에 다행히 큰 통증은 없었지만, 2주 동안 요가는 쉬어야 했다. 자만하지 말라는 교훈을 얻은 시간이었다. 바다가 때로는 거친 파도로 우리를 깨우치듯, 몸도 겸손함의 중요성을 가르쳐주었다.

시간이 지날수록 물구나무는 점점 쉬워졌고, 머리만 대면 아무 곳에서나 물구나무를 설 수 있게 되었다. 나의 시그니처 포즈로 만들어 어딜 가든 물구나무를 섰다. 칭다오, 블라디보스토크, 싱가포르 등 해외여행을 가서도 랜드마크에서 물구나무 사진을 찍었고, 강릉 곳곳의 멋진 풍경 속에 물구나무를 서며 나만의 챌린지로 만들었다. 물구나무는 나의 자신감이며 재미있는 하나의 놀이가 되었다. 세상을 거꾸로 보는 관점, 그것은 삶을 다르게 바라보는 새로운 시각을 선물해 주었다.

　처음엔 뻣뻣했던 몸이 점차 유연해지고, 불가능해 보였던 동작들이 가능해지는 과정에서 나는 삶의 진리를 배웠다. 시작이 반이고, 꾸준함이 기적을 만든다는 것. 그리고 때로는 겸손함을 잃지 않는 것이 가장 중요하다는 것을. 이제 나는 언제든 세상을 뒤집어 볼 수 있다. 물구나무 하나로 지구 전체를 들어 올릴 수 있게 되었으니까.

　지구를 드는 일이 가장 쉬워졌다.

인생 부캐를 만들다

 2019년 추운 겨울, 뜨거운 열정으로 요가 강사 자격증을 취득했다. 때마침 운 좋게 다니던 학원의 저녁반 요가 선생님이 갑자기 그만두게 되면서 화요일, 목요일 2시간씩 수업을 맡아달라는 제안이 들어왔다.
 '어? 진짜? 나를?'
 걱정이 앞서긴 했지만, 지금 용기를 내지 않으면 언제 또 이런 기회가 올까? 더 움츠러들기 전에 일단 해보자! 마음을 먹고 어려운 결정을 내렸다.

 긴장하고 떨렸다. 정말 많이. '안녕하세요'부터 시작해서 첫 수업의 아사나 구성, 난이도 조절까지…. 머릿속이 복잡했다. 그동안 수강생으로 들었던 수업들을 떠올리며 '아, 이건 좋았는데', '저건 좀 아쉬웠지' 하며 나만의 스타일을 찾으려 노력했다.

 긴장감 속에서 몇 번을 연습하고, 다시 생각하고, 또 연습하고…, 무한 반복. 수업 내용을 잊어버릴까 봐 엽서 크기 종이에 요가 동작들을 빼곡히 적어놓기도 했다. 며칠 전까지만 해도 '선생님, 이 동작 어떻게 해요?'라고 묻던 학생이었는데, 이제는 내가 가르치는 선생님이라니! 거울 속 내 모습이 아직도 어색했지만, 좋은 기회라고 생각했다.

드디어 수업날. 떨림과 긴장 속에 1시간의 수업이 시작됐다. 준비한 동작들을 다 하지는 못했지만(시간이 어떻게 갔는지도 모르겠더라), 그래도 나름대로 구성한 수업을 이끌어 나갔다.

내 수업 스타일은 스트레칭과 근력운동을 겸비한 아사나 동작들로 구성했는데, 다행히 이걸 좋아해 주시는 수강생분들이 계셨다. 힘들었지만 운동을 제대로 한 느낌이라고 기운을 북돋아 주시는 칭찬을 해주셨다. 첫 수업의 큰 성과였다. 앞으로 더 열심히 해야지, 라는 마음이 커졌다.

본업인 금융업을 6시쯤 퇴근하고, 바로 달려가서 하루 2시간 수업을 진행하는 건 솔직히 쉽지 않았다. 저녁도 제대로 못 먹고 뛰어다니는 날이 많았지만, 최선을 다하고 싶었다. 그리고 무엇보다 가르치는 일이 내 적성에 맞았다. 꾸준히 1년 동안 수업을 진행하며 이제 좀 요령도 생기고 자신감도 붙어갈 때쯤, 코로나19가 터졌다. 실내 집합 금지, 9시 통금…. 학원도 문을 닫게 됐다.
'이제야 뭔가 감이 잡히는 것 같은데!'
아쉬웠다. 이런 상황에선 다른 요가원에서도 나를 채용해 줄 리 없을 테고, 애써 쌓은 경력도 사라질 것 같았다.

'수업을 할 수 있는 다른 방법이 없을까?' 고민하던 차에, 마침 새로 이사 온 아파트 단지 내 커뮤니티 센터가 오픈했다. 그것도 실내 강습을 할 수 있는 깔끔한 공간까지 마련되어 있었다. 용기를 내어 관리실에 문의했다. "혹시 실내 수업 계획이 있으시면 요가 수업을 진행하고 싶은데요…."

마침 선생님을 모집할 계획이었다고. '궁하면 통한다'는 말을 온몸으로 실감하며 공고가 나오기를 기다렸다.

첫 수업에 대한 의욕이 너무 강했나? "하는 김에 일주일에 세 번 이상은 운동해야 효과가 있어요!"라며 월, 수, 금 주 3회 수업으로 계획을 세웠다. 전보다 훨씬 더 빡빡한 일정이 되었지만, 다행히 모두들 운동에 목말라 있었는지 수강생 모집은 금방 끝났고, 요가 수업을 다시 시작하게 됐다. 처음보다 훨씬 편한 마음이었고, 어렵게 느껴지지도 않았다.

하루 수업 내용을 적는 습관은 지금까지도 계속하고 있다. 수업 구성을 하면서 적어 보는 것도 좋지만, 예전 기록들을 보며 같은 동작을 너무 반복하지 않도록 하는 데도 도움이 된다. 이제는 굳이 필요하지 않지만, 아직까지 하고 있고, 그 기록들은 제법 두꺼운 추억의 기록물이 되어 있다.

이제 어엿한 요가 강사로서 경력도 쌓였고, 수강 신청 날이 되면 선착순으로 금방 마감되는 인기 선생님으로 자리 잡았다.

조금 더 나이가 들고 지금 하는 일이 싫증이 나면 내 요가원도 한번 차려보고 싶고, 시니어를 위한 요가도 해보고 싶다.

2019년 겨울, 떨리는 마음으로 시작한 작은 도전이 지금의 나를 만들어준 소중한 '인생 부캐'가 되었다.

일상을 여행하듯

 강릉, 많은 사람들이 오고 싶어 하는 여행지다. KTX가 생기면서 접근성이 편해져 더 많은 관광객으로 북적거리는 곳. 여기 강릉에서 태어나고 자랐다. 차로 10분 거리 내엔 마음만 먹으면 어디서든 바다를 볼 수 있는 곳이다. 고등학교 때 야자를 하다 공부는 하기 싫고 바다를 보고 싶어 몰래 도망 나와 친구와 버스를 타고 지금의 커피 거리인 안목 바다 종점에 내려 까만 바다를 하염없이 바라보곤 했다. 칠흑 같은 어둠 속 철썩거리는 파도 소리는 앞을 알 수 없는 미래에 대한 고민을 씻어 주었다. 친구와 몸이 부들부들 떨릴 정도의 한기가 찾아오면 그제야 일어나 집으로 돌아오는 버스를 서둘러 탔다.

 바다가 주는 위로에 걱정과 혼돈의 긴 터널을 잘 빠져나온 것 같다. 파아란 바다를 보면 갑갑했던 마음이 뻥 뚫렸다. 체한 듯 갑갑했던 속은 사이다를 먹은 후 체증이 내려가듯, 바다는 나에게 사이다 같은 청량감을 선사해 줬다. 바다가 참 좋다.

 여행을 언제부터 좋아했는지 기억할 순 없지만 시간 여유가 있을 때마다 차가 없을 땐 내가 갈 수 있는 가능한 먼 곳을 기차를 타거나 버스를 타고 다녔다. 창밖을 스쳐 가는 경치를 바라보며 혼자 이런저런 생각을 하고 새로운 곳에서의 낯선 경험들이 좋았다.

해외여행에 대한 동경은 가지고 있었지만, 특별히 떠날 기회는 없었다. 그러다 대학교 3학년 여름 방학 때, 불현듯 해외여행을 한 번 가봐야겠다는 생각이 들었다. 가이드를 꿈꾸던 때 직업으로 선택하기 전 대리경험을 해봐야겠다는 결심이 여행의 원동력이 된 것이다.

여행 경비를 모으기 위해 오전엔 사무실 보조 업무를, 오후엔 커피숍에서 두 개의 아르바이트를 감행하며 여행 경비 마련을 위해 열심히 돈을 모았다. 그리고 방학이 끝날 때쯤 첫 여행지로 싱가포르, 홍콩, 말레이시아를 경유하는 패키지여행을 예약하고 여행을 떠났다.

20년 전이라 지금처럼 핸드폰으로 모든 걸 할 수 있는 시기는 아니어서 공항에서 피켓을 든 가이드님을 만나고 여행 동기들과 서로 인사를 나누고 짐을 부치고 입국신고서를 작성하고 여행에 관한 일련의 일들을 주시하며 여행을 시작했다.

가이드님은 여자분이었고 혼자 여행 온 나를 잘 챙겨주셨다. 운 좋게 가이드님과 한 방을 쓰게 된 날도 있었다. 이런저런 가이드에 관련된 일을 물어보고 눈으로 지켜보면서 가이드란 직업이 여행을 좋아만 해선 할 수 없는 일이란 깨달음을 얻었다. 즐거운 여행을 편안하게 안내해 주는 역할일 거라 기대했는데, 매주 짐을 싸서 국가를 이동해야 하고, 여행객을 상대로 물건을 팔아야 추가 수입을 올릴 수 있는 구조가 좋아 보이지 않았다.

여행은 내가 원해서 다녀야 한다는 것. 직업과 연결되면 즐길 수 없다는 깨달음을 얻고 가이드란 직업을 바로 포기했다.

어쨌든 첫 해외여행의 기억은 여행에 대한 마음을 부풀게 했고 허파에 바람을 불어넣어 엉덩이를 들썩이게 했다. 그로부터 1년이 지나고 대학교 4학년이 되어 졸업과 취업을 걱정하고 있던 때, 신의 계시처럼 유럽 배낭여행을 가보자, 라는 생각이 떠올랐다.

돈은 없었지만 지금 아니면 한 달여 동안 여행 갈 시간이 없을 것 같았다. 돈보다는 시간의 가치가 더 중요하다고 생각했고 곧 졸업하면 돈을 벌 순 있지만 시간이 없을 거란 기특한 생각까지 한 스스로를 칭찬하며 배낭여행 계획을 세웠다.

일단 자금이 문제였는데 당장 아르바이트할 시간은 없었고 삼백만 원 정도면 에어텔로 한 달 동안 유럽 여러 나라를 여행할 수 있는 상품이 있었다. 대출을 알아봐야 하나? 학생에게 대출을 해줄 리는 없고 사채라도 써서 갈 정도의 간절함으로 돈을 구할 방법들을 고민했다. 여행을 생각하며 앞만 보고 달렸다.

 돈은 일단 언니에게 빌려보기로 했다. 그래서 안 되면 사채를 쓸 생각이었다. 언니에게 구구절절 여행을 가고 싶은데 돈은 없고 취업하면 바로 돈을 갚겠다고 장황한 설명을 늘어놓은 후 걱정과 미안한 마음으로 답을 기다렸다.

 언니도 직장 생활한 지 얼마 되지 않은 상태였고 적은 돈은 아니었기에 분명 고민했을 테지만, 얼마 지나지 않아 '얼마면 되는데?'라는 긍정의 물음을 보내주었다. 그렇게 돈은 성공적으로 마련되었다. 지금 생각해도 눈물 나게 고마운 일이고 여행을 다녀온 후의 내 삶의 달라진 척도를 생각하면 빌린 돈의 몇 배를 돌려주어도 아깝지 않지만, 자본주의의 현실은 가혹하기에 빌린 돈만 간신히 갚고 작은 지갑을 선물하는 걸로 대신했다.

 다음으론 동반자를 구하려 했다. 혼자서는 무섭고 심심할 것 같아 함께 할 친구를 물색했다. 여러 친구를 떠올려 보고, 그중 대학교 3학년 때 편입하면서 친하게 지낸 친구가 성향에 맞을 것 같아 대뜸 유럽 배낭여행 같이 가자고 단도직입적으로 물었다. 친구도 가고 싶었다며 다른 고민 없이 대답했다. 얼마나 다행이고 고마운지 여행을 위한 준비가 짜맞춘 듯 착착 진행되었다. 이로써 나의 두 번째 해외여행이자 첫 배낭여행이 시작되었다.

1달 동안의 유럽 배낭여행은 많은 어려움과 깊은 경험을 선사해줬고 넓은 세계의 환상을 안겨주었다. 시간이 지날수록 고생했던 기억들은 추억으로 다가왔고 거리의 작은 쓰레기통 하나까지 기억이 새록새록 떠오르게 하는 여행의 묘미를 알려줬다.

코로나19로 인해 사실상 해외여행이 중지되면서 이렇게 여행을 못 갈 수 있는 상황이 생길 수도 있구나, 하는 불안감이 생겼고 그동안 여행 다녔던 시간이 더없이 소중했다. 점점 여행객들을 보는 시선의 끝엔 부러움이 서렸고, 안목과 강문 경포를 지나는 캐리어를 끄는 여행객들을 보며 '여행 왔구나, 좋은 추억 많이 담아가길.' 마음속으로 인사를 건넸다. 하지만 문득 생각해 보니 여행객들도 바다와 가까이 살고 있는 나를 부러워하지 않을까 싶었다. 그들이 며칠간 머물며 잠깐 맛보는 바다의 정취를, 나는 평생 곁에 두고 살 수 있다는 것. 이 깨달음은 내 일상을 완전히 다른 각도로 바라보게 했다.

바다와 가까이 있는 이 놀라운 장점을 최대한 살려 일상을 여행하듯 살아가고 싶었다. 매일 같은 길을 걸어도 여행자의 마음으로 걸으면 어떨까? 늘 보던 바다를 처음 본 여행자의 눈으로 바라보면 어떨까?

그런 마음으로 하루하루를 새롭고 행복한 느낌으로 채우고 싶었다. 여행객들처럼 호기심 가득한 눈으로 내 동네를 탐험하고, 그들처럼 감탄하며 바다를 바라보고 싶었다. 그러다 보면 일상이 여행이 되고, 나 자신이 매일 새로운 발견을 하는 여행자가 될 수 있을 것이다.

여행객들을 만나서 그들의 이야기를 듣고, 바다에서 요가하는 일상이 여행의 삶을 느끼게 해줄 것이고, 오롯이 바다를 느끼며 새로운 기분으로 하루를 시작할 수 있는 일상의 루틴이 나를 일상에서 여행자로 살아갈 수 있는 신선함을 줄 것 같았다.

바다에서 요가를 한다는 것.
파도 소리를 음악 삼아 몸과 마음을 깨우는 것. 매일 다른 색깔로 떠오르는 해를 바라보며 몸을 움직이는 것.
상상만으로도 가슴이 설렜다. 고등학교 때 그 까만 바다에서 위로를 받았던 것처럼, 이제는 환한 아침 바다에서 새로운 에너지를 받고 싶었다.

이때만 해도 '바다에서 요가를 해보고 싶다'라는 막연한 생각이 저 멀리 손 닿을 수 없는 곳에서 살랑살랑 움직이고 있을 뿐이었다.

하지만 그 작은 생각이 언젠가는 파도처럼 내게 밀려와 내 일상을 완전히 바꿔놓을 거라는 걸, 그때는 미처 몰랐다.

 바다를 좋아하고 여행을 좋아하는 마음이 만나 일상에서 여행하듯 바다 요가를 시작할 수 있었던 것은, 어쩌면 운명이었을지도 모른다.

새벽 솔숲에서 바다 요가까지

　매일 아침 6시가 되면 나는 새로운 하루를 맞이한다. 비 오는 날을 제외하고는 가능한 많은 날, 솔밭길을 걷는 일로 하루를 연다. 집에서 5분 거리에 있는 솔숲길이 참으로 고맙다. 빽빽한 소나무 가지 사이로 스며드는 햇살은 마음속 온기를 가득 채워주고, 계절에 따라 변하는 다양한 바다의 빛은 눈부시도록 아름답다. 물결 위 반짝이는 햇살의 윤슬을 바라보며, 나는 걷는다. 그늘지고 아늑한 솔숲길은 나만의 힐링 공간, 애정 어린 곳이다.

　새벽마다 해송숲을 산책하며 좋아하는 음악을 듣고 생각을 정리하는 시간. 이 일상은 하루의 행복을 끌어올려 주었다. 상쾌한 공기 속에서 답답한 일상의 자잘한 일들은 훨훨 날아갔다. 한 걸음 한 걸음마다 생각을 정리하고, 한 걸음 한 걸음마다 '잘 될 거야'라는 긍정의 마음을 다졌다.

　숲속에서 느끼는 평온한 마음과 요가하며 고요해지는 마음이 잘 어울릴 것 같았다. 파도 소리를 음악 삼아, 부드러운 바람의 어루만짐을 느끼며 야외에서 요가하면 얼마나 좋을까. 그 마음이 파도처럼 일렁였다.

두 눈을 지그시 감고 들려오는 파도소리에 어지러운 마음들을 가라앉히고, 천천히 몸을 움직이며 좋은 에너지를 끌어올리는 요가. 정신과 육체가 함께하는 긍정의 시그널을 만들고 싶었다. 이런 고요한 마음을 함께 나누고, 일상의 행복을 느낄 수 있는 여유를 갖고 싶었다.

　어떻게 시작해야 할지 고민하다가 온라인으로 알릴 수 있게 인스타그램과 블로그를 시작했다. 바다에서, 등대에서, 솔숲에서 나의 시그니처 아사나인 물구나무 자세로 사진을 찍어 올렸다. 수업도 시작해 봐야 경험도 쌓이고 문제점도 파악할 수 있을 것 같아 첫 대상자를 물색했다. 독서 모임을 하는 지인들에게 취지를 설명하고 요가 수업 참여를 부탁드린 후, 드디어 토요일 오후 2시에 솔밭에서 요가 수업을 시작했다.

　지인들이라 민망하고 떨렸지만, 이 또한 지나가야 할 시험대라 생각하고 마음을 다잡았다. 야외라 그런지 50분의 수업은 금방 끝났다. 생각한 대로 파도 소리와 바람, 햇살의 조합은 마음을 평온하게 해줬고 실내에서의 요가 수업과는 느낌이 달랐다. 첫발을 내디딘 것 같아 뿌듯한 마음이 들었다.

　수업 후 가까운 카페로 자리를 옮겨 수업에 대한 이야기를 나누며, 지속하기 위한 대안과 시간대를 정하기로 했다. 일단 바다에서 요가하는 프로그램은 너무 좋다는 반응이었다. 낮에는 해가 뜨겁고, 요가하기엔 애매한 시간이라 토요일 아침 6시에 시작하기로 했다. 새벽 시간을 좋아하기도 했고, 일출을 보며 하면 더 좋을 것 같다는 의견을 따랐다. 주변에서 바다 요가 수업에 흥미를 느끼고 참여해 보고 싶다는 분들도 계셔서 함께하기로 했다.

인스타로 수업 사진을 계속 업로드하면서 참여를 원하는 분은 메시지를 보내라고 했다. 점점 하트 수가 늘어가고 팔로우하는 사람들도 많아졌다. 2주쯤 지났을 때 드디어 수업에 관한 문의가 들어왔다. 참여하고 싶은데 어떻게 해야 하는지 방법과 장소를 물어보는 내용이었다. 일정을 조율한 결과 일요일 새벽 6시에 수업하기로 했다. 주위 친구분들과 함께 오시겠다며 설렘 가득한 메시지를 보내주셨다. 나도 첫 수강생분들이 어떤 분들이실지 기대와 설렘의 며칠을 보냈다.

동네 자녀 모임에서 만난 여섯 분이 함께 오셨다. 멀리서부터 하하호호 웃음소리가 들려왔다. 30대 초반에서 40대 사이의, 평상시에도 운동을 좋아하시고 밝고 의욕 넘치는 분들이었다. 육아에 지쳐 나만의 힐링 시간을 원하는 주부분들이었다. 햇살 아래 파도 소리와 새소리를 들으며 천천히 몸을 움직여 근육들을 깨우고 땀이 날 정도의 강도로 요가 수업을 진행했다.

"요가는 힘들었지만 새소리를 들으며 햇살 가득 쏟아지는 모래 위에서 오롯이 나에게 집중할 수 있는 시간이 좋았어요. 다시 육아 전쟁터로 돌아갈 힘이 생기는, 에너지를 충전하는 시간이었어요."
이런 얘기를 들으니, 바다 요가는 충분히 매력적인 수업이라는 확신이 들며 내 마음도 충만해졌다.
이를 시작으로 수업은 토요일과 일요일 새벽 시간으로 자리 잡게 되었다. 계절에 따른 30분 정도의 시간 변동은 있었지만, 꾸준히 이어갔다. 각자의 삶에 충실히 살아가는 사람들이 어떤 교집합의 시간이 되어 이곳에서 함께할 수 있었는지, 그 인연이 신기했다.

처음은 미약했지만, 바다 요가는 지금도 꾸준히 이어가고 있다. 함께하는 사람들 사이의 관계를 되돌아보면서, 서로에게 선한 영향력을 줄 수 있는 좋은 사람들로 만나게 된 인연에 감사하다. 이 인연이 끝까지 이어져 따뜻한 온기가 남아있기를, 그리고 우리 모두가 서로에게 힘이 되는 소중한 존재로 함께하기를 기대해 본다.

돈값

"참가비는 얼마예요?"

"무료예요, 요가 매트만 가지고 오시면 됩니다."

"헉, 정말요? 진짜 공짜라고요? 감사합니다~!"

바다 요가를 신청하는 사람들과의 마지막 대화는 대부분 이렇게 끝난다. 마치 복권에 당첨된 것처럼 기뻐하는 목소리를 들으면 나도 덩달아 기분이 좋아진다. 공짜는 다 좋으니까. 공짜라면 양잿물도 마신다는 속담까지 있지 않은가.

내가 좋아서 시작한 일이고, 처음부터 돈을 받으면 사람 모으는 일이 쉽지 않을 것 같아 무료로 시작했다. 바다와 바람, 멋진 풍경의 일출은 자연이 주는 공짜 선물인데, 그걸 함께 누리는 나도 공짜로 시작해야 할 것 같았다. 돈이라는 장벽 없이 누구나 와서 해돋이와 요가를 만나길 바랐다.

처음엔 "정말 공짜예요?"라며 의심하던 사람들이, 몇 번 참여한 후엔 이렇게 말하기 시작했다. "선생님, 왜 무료로 하세요? 이 정도면 충분히 돈 받을 만한데요." "다른 곳은 야외 요가도 2-3만 원씩 받던데, 여기는 바다뷰에 일출까지…." "혹시 나중에 갑자기 유료로 바뀌는 건 아니죠?"

일출을 바라보며 바다에서 하는 요가 수업의 매력은 확실히 돈과 교환할 만한 가치가 있었다. 실제로 야외 요가 프로그램들이 우후죽순 생겨나며 유료로 운영되고 있었고, 나의 수업도 점점 인기를 더해가고 있었다. 어느 날 한 참가자가 농담처럼 말했다. "선생님, 이렇게 좋은 걸 공짜로 주시면 나중에 천벌 받아요!" 모두가 웃었지만, 그 말이 내 마음 한구석에 작은 씨앗을 심었다.

'그럼 나도 수익 창출을 해볼까?'

N잡러 시대인 만큼 돈을 벌 수 있는 기회가 많아지면 좋을 테니까.

그럼 얼마를 받아야 적당할까? 수업에 대한 돈의 가치가 얼마여야 할지 고민에 빠졌다. 너무 저렴하면 수입이 안 될 것이고, 너무 비싸면 사람들이 오지 않을 테니까. 머릿속으로 계산기를 두드려 봤다. 일단 돈을 받기 시작하면 요가 매트도 준비해 드려야겠고, 물이나 따뜻한 차도 준비해야겠고, 무엇보다 인생샷을 건질 수 있게 전문적인 사진도 찍어 드려야 할 것이다. 돈값에 상응하는 서비스를 제공해야 하니까.

이런저런 생각을 하다 보니 마음 한구석이 묵직해졌다. 해야 할 일들이 산더미처럼 쌓여가고, 준비해야 할 것들에 대한 부담감과 걱정이 앞섰다. '매주 신청하는 사람 수에 따라 기분이 오락가락할

텐데….' '없으면 없어서 속상하고, 많으면 많은 대로 부담스러울 것 같은데….' '비 오면 환불 처리는 어떻게 하지?' '클레임이 들어오면?' 돈을 얼마나 벌 수 있을지도 모르는데 벌써부터 일이 되고 스트레스가 되어버렸다. 생각만으로도 전혀 즐겁지 않았다. 내가 즐기려면 돈이라는 교환 가치가 빠져야 할 것 같았다.

'그냥 무료로 하자.'

자원 봉사하는 사람도 많은데, 남을 크게 돕지 못할 바엔 작은 재능기부라도 하자. 요가로 먹고사는 사람도 아닌데, 즐기면서 밝은 기운을 나누고 좋은 에너지도 얻어보자.
재능기부로 마음을 정하고 나니, 돈에 홀렸던 어지러운 마음들이 젖은 낙엽처럼 가만히 내려앉았다. 어깨가 한결 가벼워졌다.

비가 오지 않는 한 매주 토요일, 정해진 수업으로 사람들을 만났다. 아름다운 풍경 속에서 쌓이는 고요한 마음들, 늘어가는 추억들이 내 일상을 채워갔다. 사진을 업로드하면 참여했던 사람들은 댓글로 그때의 느낌을 생생하게 공유했다. "아직도 그때 바람 소리가 들려요." "월요병이 올 때마다 이 사진 보면서 버텨요." "다음 주 토요일이 벌써 기다려져요." 함께 하고 싶지만 오지 못하는 사람들에겐 대리 만족을 주었다. 언젠가 다시 참여할 수 있는 포근한

쉼터 같은 느낌으로 나의 존재를 생각해 주는 사람들이 생겼다.

타인의 인정과 지지가 자존감을 높여주었고, 다른 사람에게 실질적으로 도움이 될 수 있다는 따뜻한 온기가 마음속 온도를 올려주었다. 덕분에 조금 더 부드러운 사람이 되었고, 일상에서도 너그러운 마음이 자리 잡았다.

더 감사하고 행복한 마음이 충만해졌고, 주말 아침의 좋은 기운을 함께 나눌 수 있는 삶이 더욱 감사해졌다. 토요일 1시간여의 작은 시간이지만, 일주일 내내 활력을 주는 마법 같은 시간이었다.

돈을 받았다면 결코 얻지 못했을 마음들이었다.
"선생님 덕분에 요가를 시작하게 됐어요."
"우울했는데 토요일 아침이 기다려져요."
이런 말들은 돈으로 살 수 없는 자존감을 안겨주었다. 무료 수업이 주는 순수한 감동, 조건 없는 나눔이 만들어낸 진짜 소통이었다.

어쩌면 '돈값'이라는 건, 돈으로 매길 수 없는 가치에서 나오는 게 아닐까. 내가 받은 진짜 돈값은 참가비가 아니라, 누군가의 아침을 밝게 만들 수 있다는 기쁨이었다.

꾸준힘, 나를 더 나은 곳으로 이끄는 힘

골프 12년, 요가 10년, 바다 요가 5년, 한지 그림 4년, 달리기 2년. 일주일에 한 번 이상은 하는 취미들의 경력이다. 여러 취미를 섭렵하다 보니 나에게 맞는 취미들이 생겼고, 이제는 꾸준히 하려고 한다. 무엇이든 잘하면 재미있어지는데, 잘하기까지의 과정에서 시간 투자는 필수적이다.

'일만 시간의 법칙'이라는 것이 있다. 어떤 분야의 전문가가 되려면 최소 일만 시간의 훈련이 필요하다는 법칙으로, 성공한 운동선수들 사이에서 회자되던 시간 관리법이었다. 전문가까지는 아니더라도 내가 즐길 수 있는 취미를 만들기 위해서는 최소 1년 이상의 지속적인 노력이 필요하다고 본다. 그런 시간이 흐른 후에야 나의 성향이나 체질에 맞는 취미인지 제대로 판단할 수 있다. 그래서 무엇을 시작하든 1년이라는 시간은 꾸준히 해보려고 한다.

모든 일이 금방 좋아질 수도, 잘될 수도 없는 일인 만큼 처음에는 생각보다는 행동의 힘이 필요하다. 요가를 시작하기 전의 나도 나무토막 같은 뻣뻣함으로 시작했다. '과연 내가 유연해질 수 있을까?'라는 수많은 물음표가 꼬리표처럼 따라다녔다. 그런 의문을 뒤로 하고 그냥 시간이 흐르도록 내버려 두었다.

어떤 운동이든, 공부든 시작해서 어느 정도 시간이 쌓이고 노력이 더해지면 한 단계 상승하게 된다. 변화된 나를 보며 성취감과 뿌듯한 마음이 자라나고, 새로운 재능을 발견할 기회가 주어진다. 요가를 꾸준히 하면서 나의 '꾸준함의 재능'이라고 할 수 있을지 모를 재능을 발견하게 되었다. 처음부터 요가 자격증을 따려고 시작한 것도 아니었고, 이렇게 오래 지속하게 될 줄도 몰랐다. 하다 보니 몸이 좋아지는 것을 느꼈고, 명상과 함께 마음이 차분해지며 어지러운 일들을 극복해 낼 수 있는 힘이 생기는 것 같아 꾸준히 하게 되었다.

요가 자격증까지 따면서 '어떤 일을 꾸준히 하면 전문가의 영역에도 도전할 수 있구나.' 하는 성취감을 느끼게 해준 고마운 운동이 되었다. 그래서 그 후부터는 잘하든 못하든 그냥 꾸준히 해보자는 마음이 자리 잡았던 것 같다. 그 덕분에 이후의 취미들도 지속하다 보니 아마추어보다는 조금 더 잘하고, 조금 더 즐기면서 할 수 있는 수준에 올라왔다.

바다 요가도 어느덧 5년 차에 접어들었다. 중간에 바쁜 일이 생겨 포기할까 생각했고, 몸이 피곤한 날에는 귀찮음의 현타가 오기도 했다. 하지만 감정을 따라가기보다는 몸을 움직였다. 머릿속에는 수만 가지 변명이 거미줄처럼 엉켜 있었고, 굳이 해야 할 이유도 없었다. 하지만 바다 요가를 못하는 아침은 뭔가 기운이 없었고, 하루 종일 섭섭한 마음이 들었다. 바다 요가를 그만둔다면 공들여 쌓아놓은 탑을 내 손으로 무너뜨리는 허무한 기분이 들 것 같았다.

바다 냄새, 바람, 파도와 일출, 햇살이 주는 자연의 선물을 지나쳐야 한다는 것, 함께했던 사람들과의 인연도 아쉬웠다. '조금 더 즐길 수 있도록 내려놓자. 잘하려고 애쓰지 말자.' 이런저런 흔들리는 마음들을 추스르고 다독이며 매년 다시 시작하게 되었고, 올해는 또 어떤 사람들을 만나게 될지 기대되는 마음이 앞선다.

꾸준함이란 시간을 그냥 흘려보내는 것이 아니라, 수영에서 물살을 헤쳐 나가듯 나의 시간을 거칠게 헤쳐나가 내가 닿을 수 있는 미래를 선택할 힘이라는 생각이 들었다. 나를 좀 더 나은 곳으로 이끌어줄 힘, '꾸준함'. 꾸준히 해온 취미들이 많아져서 하루하루가 새롭고 행복하다. 매년 한 해를 돌아보는 12월이 되면 후회보다는 성취감에 '올 한 해도 잘 살아냈구나.' 하는 기쁨이 더 크다. 매일 다른 취미를 즐기며 하루를 좀 더 길게 살 수 있는 내일의 내가 궁금해진다.

꾸준히 바다 요가를 할 수 있는 원동력과 다른 취미들도 오래 지속할 수 있는 꾸준함. 이것이 내 삶의 힘이 될 수 있다는 믿음으로 오늘도 한 걸음씩 나아간다.

한 올 한 올, 내 맘을 그리다

　서안동 톨게이트를 지나며 뒷좌석을 돌아보았다. 귀한 분을 모시듯 조심스럽게 놓인 한지 작품이 눈에 들어왔다. 나의 첫 출품작이었다. 평소 장거리 운전을 즐기지 않는 편이었지만, 오늘만큼은 기꺼이 이 먼 길을 달려왔다.

　그림 보는 것을 좋아했지만 직접 그려본 적은 없었다. 언젠가 한 번쯤 배워보고 싶다는 막연한 바람만 가지고 있던 중, 유명한 일러스트 작가의 수업 모집 공고를 보고 망설임 없이 등록했다. 그곳에서 우연히 만난 한지 선생님이 보여주신 작품 사진을 보는 순간, 나는 완전히 매료되었다. 한지를 붙여서 그림을 만들었다는 것이 눈으로 보고도 믿기지 않았다. 붓과 물감 대신 염색된 한지를 손으로 찢고 늘려서 풀로 붙여가며 그리는 그림. 사진으로는 그 진가를 다 느낄 수 없었지만, 실물이 주는 질감의 생동감은 상상 이상이었다. 마치 고흐의 임파스토 기법처럼 살아있는 질감이 한지 그림과 묘하게 닮아있었다.

　그림을 배운 적도 그려본 적도 없는 초보였지만, 차근차근 배워가며 수정하고 완성해 가는 과정이 즐거웠다. 작품이 하나둘 늘어갈 때마다 느끼는 뿌듯함은 말로 표현할 수 없었다. 실력도 조금씩 향상되어 갔다. 1년 정도 기초 과정을 마스터한 후, 작품 사이즈를 늘려 본격적인 작품 세계에 입문했다. 커진 캔버스 앞에서 막막함을 느꼈지만, 한 부분씩 집중하며 나아가다 보니 어느새 완성되었다. 손으로 한 올 한 올 뜯어지는 한지의 촉감이 좋았고, 아무 생각 없이 집중하다 보면 잡생각이 사라지며 편안한 시간이 흘러갔다.

완성된 그림을 마주할 때면 '내가 정말 이걸 만든 게 맞나?' 싶을 정도로 신기했다. 그 순간의 자기 만족감은 그 무엇과도 바꿀 수 없는 소중한 경험이었다. 선생님의 제안으로 미술대전 출품을 목표로 작품을 시작하게 되었다. 어떤 주제로 할지 고민하다가 평소 좋아하던 소나무 숲길을 선택했다. 좋아하는 것을 해야 더 잘 표현될 것 같았기 때문이다.

거실 한편에 작업 공간을 마련하고 이젤을 설치했다. TV를 보거나 음악을 들으며 틈틈이, 때로는 잠이 오지 않는 새벽 시간까지 6개월 이상을 꾸준히 이어갔다. 24시간이 모자랄 만큼 바쁜 일상 속에서도 한지와 함께하는 시간만큼은 온전히 나만의 것이었다.
출품 기간이 다가오자 망설임이 생겼다. 왕복 7시간의 거리, 입상 여부도 불투명하고 작품 수거를 위해 다시 와야 하는 번거로움까지. 선생님께 조언을 구했고, "아무것도 하지 않으면 아무 일도 일어나지 않는다"라는 말씀에 마음을 정했다.

대회 요강을 보니 동상부터 상금이 있었고, 대상은 무려 700만 원이었다. 작품매입금액이라 했다. 설마 그런 일이 일어나겠냐마는, 대상을 타면 신랑과 아들이 각각 100만 원씩 달라고 농담을 던졌다. 로또 1등 당첨 약속처럼 호기롭게 "좋다"고 했다. 결과 발표는 일주일 후였다. 특선. 대상은 아니었지만 입선보다 나은 결과였다. 살아오면서 상상할 수 없었던 일이 현실이 되었다. 내 인생에 미술 대회에서 상을 받을 날이 올 줄이야.

그동안의 고민이 무색할 만큼 기뻤다. 조금 더 나은 사람이 되어가고 있다는 생각이 들었다. 무언가를 꾸준히 한다는 것, 그 중력의 힘에 감사했다. 상장과 함께 출품작으로 만든 머그컵을 받는 순간, 벅차오르는 감동에 삶이 고마워지는 시간이었다.

이 경험을 통해 취미가 단순한 여가 활동을 넘어 우리 삶에 얼마나 중요한 역할을 하는지 깨달았다. 취미는 바쁜 일상 속에서 자신만의 시간을 갖게 해주고, 새로운 도전을 통해 성취감을 선사한다. 무엇보다 꾸준한 몰입을 통해 정신적 안정감을 주고, 스트레스를 해소하는 치유의 시간이 되어준다.

특히 한지 그림은 요가와 비슷한 결의 취미였다. 요가가 호흡과 동작에 집중하며 마음의 평온을 찾는 것처럼, 한지 그림도 한 올 한 올 종이를 뜯고 붙이는 과정에서 자연스럽게 명상적 상태에 들어간다. 두 활동 모두 현재 순간에 완전히 몰입하게 하여 잡념을 사라지게 하고, 내면의 집중력과 평정심을 기르는 효과가 있다. 손끝의 섬세한 움직임을 통해 마음을 다스리고, 완성해 나가는 과정에서 깊은 만족감과 성찰의 시간을 선사한다.

 한지 그림이라는 새로운 분야에 도전하고 그로 인해 상을 받은 경험은 단순한 취미 이상의 의미가 되었다. 처음 한지를 손에 쥐었을 때의 설렘부터 작품을 완성하고 인정받기까지, 매 순간이 나를 성장시키는 소중한 경험이었다.

비어 요가-맥주와 함께하는 유쾌한 시간

딸깍, 꼴깍, 꼴깍.
바쁘게 살아낸 하루 일과의 마무리는 시원한 맥주 한 캔과 함께한다. 캔을 따는 소리부터 경쾌하고, 첫 모금의 청량감은 무엇과도 바꿀 수 없는 하루의 보상이다.

내가 아는, 내가 좋아하는 그 맛.

조금 늦은 저녁을 시작하며 맥주를 반주 삼아 하루에 있었던 일들을 신랑과 함께 얘기하는 행복한 저녁 시간이 된다.
그러던 어느 날, 친한 동생으로부터 전화가 왔다.
"언니, 비어 요가 한대요! 시간되시면 같이 가요!"
비어 요가라니? 내가 좋아하는 것들의 환상적인 조합인데 무슨 일이 있어도 참여해 보고 싶었다. 요가 수업이 어떻게 진행될지 무척 궁금했다.

근처 호텔에서 이벤트로 진행된 원데이 수업이었다. 입소문이 났는지 30여 명이나 되는 사람들이 모였고, 평소 요가 수업과 달리 남성분들도 꽤 많이 참여하셨다. 입장하면서 병맥주를 한 병씩 나누어주셨고, 각자 편한 자리에 앉았다. 동생과 나도 가운데쯤 자리를 잡고 앞으로 펼쳐질 비어 요가 경험에 대한 기대감으로 서로 얼굴을 마주 보며 웃었다. 강사님의 비어 요가에 대한 설명이 있고 난 후 드디어 수업이 시작되었다.

비어 요가는 적당한 알코올이 체온을 높여주고 혈액순환을 도와 운동 효과를 높여준다고 하셨다. 물론 '적당히'가 핵심이라는 점도 강조하셨다. 명상과 함께 시작하여 맥주를 한 모금 마셨다. 아사나를 행하면서 맥주를 쏟지 않게 집중해야 하는 것이 생각보다 어려웠다. 테이블 자세에서 균형을 잡으며 한 손씩 맥주병을 바꿔 들고 마시는 일은 낯선 경험이었다.

파트너와 마주 보고 다리를 뻗은 후 번갈아 가며 맥주를 마시기도 했고, 팔짱을 끼고 건배하듯 요가 동작과 결합한 자세를 취하며 맥주를 마시기도 했다. 중간중간 터져 나오는 웃음소리가 스튜디오를 가득 채웠다.

1시간의 수업은 시간 가는 줄 모르게 금세 끝이 났다. 평상시 고요 속에 진행하는 요가 수업보다 웃으며 즐길 수 있는 활기찬 수업이었다. 맥주병을 하나의 요가 도구로 활용한다는 창의적인 아이디어도 신선했고, 중간중간 맥주를 마신다는 것 자체가 색다른 재미를 주었다.

수업을 마치고 선생님과 맥주 한 병씩 들고 기념사진도 찍었다. 한 번의 수업이었지만 기회가 되면 또 참여해 보고 싶었고, 언젠가는 나도 이런 유쾌한 수업을 진행하고 싶다는 생각이 들었다.

요가를 가르치고 있다고 하면 주로 차를 마시거나 채식 위주의 식습관을 가지고 있을 거라는 선입견을 품은 분들이 많다. 그래서 맥주를 좋아한다고 하면 놀라시는 분들이 종종 있었다.

하지만 나에게 맥주는 특별한 의미가 있다. 맥주를 마시면 더 부드러운 사람이 된다. 취기가 살짝 올라오면 온 세상이 밝고 행복해 보인다. 평상시의 나는 완벽하지 않으면서도 완벽해지려는 마음이 있어, 일을 할 때나 사람을 대할 때나 운동을 할 때도 항상 최선을 다하려고 한다. 때로는 그런 마음이 나를 피곤하게 만든다.

그런데 맥주 한 잔을 마시면 조금 더 여유로운 사람이 되는 기분이다. '좀 실수하면 어때, 삶을 즐기자!'라는 마음으로 유쾌하고 호탕해진다. 나를 부드럽게 만들어주는 마법 같은 음료인 셈이다.

물론 건강이 허락하지 않으면 이것도 불가능한 일이니, 과하지 않게 적당히 기분 좋게 마신다면 나쁠 것도 없다고 생각한다. 지금까지는 이런 소소한 행복을 지속하고 있다. 맥주를 좋아하고 때때로 즐기는 나 자신을 받아들이면서, 동시에 균형감각도 잃지 않으려 노력한다.

비어 요가 같은 새로운 경험들이 삶에 활력을 주고, 완벽해지려는 강박에서 벗어나 좀 더 유연하고 즐거운 사람이 되도록 도와주는 것 같다. 앞으로도 이런 유쾌한 모임을 통해 삶의 균형을 찾아가려고 한다. 건강하게, 즐겁게, 그리고 적당히 말이다.

오늘도 나는 행복을 마신다.

무료라는 무례함

　무료 수업은 경제적 부담 없이 새로운 경험을 할 수 있는 귀한 경험을 제공한다. 바다 요가는 요가를 처음 접해보고 싶지만 망설여지는 분들에게는 부담 없는 시작점이 되고, 여행 중인 분들에게는 현지에서 특별한 체험을 할 수 있는 소중한 선물이 된다. 하지만 무료라는 단어가 때로는 가벼운 마음을 낳기도 한다.

　노쇼는 가볍지만 그로 인한 상처는 깊다. 토요일 새벽 요가 수업이다 보니 불금의 피로와 이른 기상의 어려움으로 참석하지 못하는 분들이 종종 계셨다. 참여 인원이 많은 날은 한두 명 빠져도 큰 문제가 없지만, 여행객들이 신청할 때는 인원이 적어도 그분들만을 위해 정성스럽게 수업을 준비한다. 요가 매트를 준비하기 어려우실 것을 배려해 매트까지 챙겨나가는 작은 마음씀이 무색해질 때가 있다.

　한참을 기다려도 오시지 않으면 연락처도 모르는 상황에서 무한정 기다릴 수는 없어 DM만 남기고 집으로 돌아온다.
　한참 후에야 "늦잠을 잤다"라고 죄송하다는 답글이 오거나, "토요일이 아닌 일요일인 줄 알았다"라며 일요일 수업 개설을 문의하시는 분들도 계셨다. 화를 낼 수도 없는 일이니 어떻게 답해야 할지 고민스러운 시간이 흘러간다.

　더 안타까운 것은 무료라는 이유로 수업의 질을 낮게 평가하는 시선들이다. 무료에 섞여 있는 얕은 가벼움 때문에 진정한 가치가 가려지기도 한다.

　일주일에 한 번, 이른 아침 시간이지만 참석해 주시는 분들의 귀한 시간을 생각해 단순한 스트레칭으로 끝나지 않게 수업 내용을 고민한다. 스트레칭과 근력운동을 적절히 조합해 아사나를 구성하고, 요가 초보자분들도 선입견 없이 접근할 수 있도록 난이도를 신중하게 조절한다.
　처음엔 여유롭게 분위기만 느끼려 하셨던 분들도 요가가 진행되면서 숨이 거칠어지고 힘들어하지만, 천천히 동작을 따라하신 후에는 깊은 개운함을 느낀다. "요가가 이렇게 힘든 운동인 줄 몰랐다"라고 말씀하시는 분들이 종종 계셨다.

　그래서 요즘은 무료 수업이지만 보증금을 미리 받고 수업 참여 후 돌려주는 시스템이 생겨나고 있다. 그만큼 무료 수업에 노쇼가 많았다는 현실적 반증이 아닐까 싶다. 강사로서 작은 방패막이를 만드는 것을 고민해 볼 수밖에 없는 지경이 된 것이다.
　무료라는 수업 뒤에도 누군가의 정성스러운 노고와 애정 어린 시간이 고스란히 녹아있다. 수업 구성을 위한 고민, 참가자들을 위한 세심한 배려, 이른 아침에 일어나 장소를 준비하는 시간이 모두 소중한 가치를 담고 있다.

　무료라는 단어가 책임감 없는 가벼움으로 우리 곁을 맴돌지 않았으면 한다. 무료 수업에 참여하는 것 자체가 서로에 대한 존중과 배려의 시작이 되기를 바란다. 비용을 지급하지 않는다고 해서 약속에 대한 책임감까지 덜어낼 수는 없으니까.

　결국 무료 수업의 진정한 가치는 돈으로 환산할 수 없는 마음과 마음의 교감에 있다. 그 소중함을 함께 지켜나가고 싶다.

2부
바다에서 만난 사람들

바다 요가에서 삶의 기운을
충전받고 있었는데
이런 비슷한 에너지들이
서로를 같은 시간 같은 공간으로
끌어당기는 보이지 않는
자석역할을 하고 있나 보다

ⓒ바다요가

흙투멍이 청년

　한여름 새벽 6시, 이미 작열하는 태양이 백사장을 달구고 있었다. 모래 위에서 요가를 한다는 것은 맥반석 위의 오징어가 되는 것과 다름없어, 서둘러 소나무 그늘 아래로 자리를 옮겼다.
　나무들 사이의 시원한 그늘을 찾아 요가 매트를 가지런히 펼치고 자리를 잡았다. 한여름 휴가철이라 그런지 야외에서 밤을 보낸 여행객들이 곳곳에 보였다. 젊은 청년들 몇 명이 솔밭에서 노숙한 듯, 돗자리 위에서 부스스한 눈을 비비며 우리가 매트를 펼치는 모습을 호기심 가득한 눈빛으로 바라보고 있었다.

　깊은 호흡으로 마음을 가다듬으며 수업이 시작되었다. 얼마 지나지 않아 젊은 청년 중 한 명이 조심스럽게 다가와 "혹시 저도 함께 해도 될까요?"라고 물어왔다. 언제든 환영이지만 여분의 요가 매트가 없어 당황스러웠다. 그런데 그 청년은 "괜찮습니다, 그냥 바닥에서 해보겠어요"라며 밝게 웃으며 의욕을 보였다. 그 순수한 열정에 마음이 움직여 "그럼 함께해요"라며 자리를 마련해 주었다.

　테이블 자세, 다운독, 차일드 포즈 등 바닥에 엎드리거나 손을 짚는 동작들로 수업이 진행되었다. 처음 해보는 요가임에도 불구하고 그는 힘들어하면서도 성실하게 따라왔다. 가끔 "이렇게 하는 게 맞나요?"라고 물으며 진지하게 자세를 교정하려 노력하는 모습이 기특했다.

수업 중간중간 참가자들의 상태를 살피며 지켜보던 중, 어느 순간 깜짝 놀랐다. 그 청년이 온몸에 흙을 뒤집어쓰고 있는 것이었다. 무더운 날씨에 흐른 땀이 솔밭의 흙먼지와 섞이면서 얼굴과 팔, 다리가 흙투성이가 되었고, 특히 손바닥과 발바닥은 까맣게 흙으로 덮여 있었다.

그 모습을 보는 순간 가슴이 먹먹해졌다. '처음부터 내 매트를 줬어야했는데….' 하는 후회가 밀려왔다. 이제 와서 흙투성이 몸에 매트를 줄 수도 없는 상황이었고, 수업도 거의 마무리 단계였다. 하지만 정작 본인은 흙먼지 따위는 전혀 개의치 않는다는 듯, 끝까지 열심히 참여하고 있었다. 그 모습이 대견하면서도 미안한 마음이 계속 들었다.

수업이 끝나자마자 그는 서둘러 바다로 향했다. "잠깐만요, 씻고 올게요!"라며 활기차게 뛰어가는 뒷모습이 어린아이 같았다. 잠시 후 바닷물로 깨끗하게 씻고 돌아온 그의 얼굴은 맑고 환한 미소로 가득했다.

둘러앉아 준비해 온 차와 과자를 나누며 이야기를 나누었다. 대학을 갓 졸업하고 직장생활을 시작한 지 몇 달 안 된 새내기라고 했다. "요가는 정말 처음 해봤는데, 생각보다 훨씬 재미있고 좋은 경험이었어요. 몸이 이렇게 뻐근할 줄은 몰랐지만요"라며 소감을 전했다. 그러면서 "흙이 이렇게 많이 묻을 줄 몰랐는데, 오히려 더 기억에 남을 것 같아요"라고 웃으며 말했다.

그의 젊음의 용기와 순수함이 인상적이었다. 이 특별한 경험이 그에게 좋은 추억으로 남기를 바라는 마음이 컸다. 헤어지면서 그가 "다음에 또 이곳에 여행 오게 되면 맛있는 간식을 사 와서 함께 나눠요"라고 약속했다.

아직 그 청년을 다시 만나지는 못했지만, 언젠가 인연이 닿아 다시 만나게 된다면 정말 반가운 재회가 될 것 같다. 그때는 꼭 요가 매트를 준비해서, 요가의 진정한 재미를 느낄 수 있게 해주고 싶다.

아이스박스를 들고 온 여인

솔숲을 산책하다 바다에서 요가하는 모습을 보고 바다 요가에 관심을 두게 되어 인스타그램으로 신청해 주신 분이었다. 밝은 에너지가 넘치고 다양한 운동을 섭렵하신 덕분에 젊어 보이고 탄탄한 몸매를 자랑하셨다.

수업을 마치고 차에 다녀오겠다며 잠시 자리를 비우셨는데, 돌아오는 길에 한 손에 아이스박스를 들고 오셨다. 직접 준비해 오신 것은 따뜻한 커피와 고소한 구운 계란, 포슬포슬한 삶은 감자, 그리고 감칠맛 나는 고추장까지였다. 소박하지만 영양을 고려한 정성스러운 간식 세트에 마음이 따뜻해졌다.

운동 후 여럿이 둘러앉아 함께 먹으니 자연스럽게 많은 이야기가 오갔고, 서로를 깊이 알아가는 소중한 시간이 되었다. 그동안은 수업이 끝나면 바로 헤어져 각자의 일상으로 돌아가기에 바빴는데, 이렇게 둘러앉아 음식을 나누니 요가 수업의 여운이 한참 더 지속되었다. 단순한 간식이었지만 함께 나누니 그 어떤 음식보다 맛있고 즐거웠다.

그 후로도 나오실 때마다 계절의 선물을 가져다주셨다. 봄에는 향긋한 앵두, 여름에는 아삭한 풋사과와 달콤한 참외, 가을에는 정성이 담긴 수제 떡까지. 매번 다른 계절의 맛과 향을 준비해 오시는 세심함에 감탄했다.

이른 새벽 시간, 따뜻한 이불에서 나오기도 힘든 시간인데 모든 사람을 생각하며 이렇게 수고해 주시는 마음이 너무나 고마웠다. 그 고마움이 전해졌는지, 함께하는 모든 분이 감사한 마음으로 각자 간식을 준비해 오시기 시작했다. 자연스럽게 포트럭 형식의 차담 시간이 만들어졌고, 바다 요가의 가장 소중한 시간이 되었다.

서로의 이야기를 들으며 공감하고, 나와는 다른 삶의 경험에서 지혜를 얻기도 했다. 안부를 묻고 근황을 나누며 마음의 거리가 점점 가까워졌다. 요가로 몸과 마음을 정화한 후, 따뜻한 음식과 유쾌한 대화로 행복의 온도가 더욱 높아졌다. 그 따스한 행복의 온기를 함께 나눌 수 있어 참으로 감사하다.

음식을 함께 나누어 먹는다는 것은 단순한 행위를 넘어선다. 그것은 서로의 마음을 열고 친밀감을 깊게 만드는 특별한 의식이다. 함께 바다에서 요가를 했던 공통의 경험이 공감대를 형성하고, 그 위에 음식을 나누는 따뜻함이 더해져 더욱 특별한 시너지를 만들어냈다.

요가 강사와 함께한 바다 요가

"바다 요가에 참석하겠습니다!" 메시지 한 통이 왔다. 호기심에 인스타그램을 들여다보니…, 어머나! 경기도에서 요가, 필라테스, 방송 댄스까지 전문적으로 가르치시는 진짜 요가 강사님이셨다.

순간 머릿속이 하얗게 되면서…, '아, 이건 뭐 선생님 앞에서 국어책 읽기도 아니고!' 묘한 긴장감이 몰려왔다. 하지만 곧 마음을 다 잡았다. "앞으로 다양한 사람들을 만날 텐데, 이런 마음도 이겨내야지! 요가는 각자만의 색깔이 있는 거니까, 나는 나대로!"

강릉 사는 친구 덕분에 바다 요가를 알게 되셨다는 그분. 하필 그날은 햇볕이 따가워서 솔밭 그늘로 피신했다. 그런데 그늘인데도 숨만 쉬어도 땀이 줄줄. 뜨거운 여름 기운을 온몸으로 느꼈다.

천천히 호흡을 가다듬으며 새소리에 귀 기울이고, 요가를 하다 보니 더운 기운도 어느새 잊게 되었다. 요가 강사님은 수업에 집중하며 한 동작 한 동작 정성스레 완성하셨고 수업의 몰입도가 높았다.

수업 후 대화를 나누다 보니 깜짝 놀랐다. 나이도 비슷하고, 아이 셋을 둔 엄마라니. 사진으로만 봤을 땐 시크한 카리스마 선생님 같았는데, 실제로는 완전 털털하고 친근한 성격이었다.

"어머, 저희 취향이 비슷하네요!" "맞아요, 신기해라!" 공통점이 하나둘 발견되면서 어색함은 사라지고 수다꽃이 활짝 피었다.

단체 사진을 찍고 나서 강사님과 소나무 숲이 배경이 너무 예뻐 조금 더 어려운 동작에도 도전해 봤다. 서로 포즈를 제안하고, "이건 어때요?" "우와, 그거 좋다!" 하며 깔깔거리면서 멋진 사진들을 찍었다. 역시 요가 강사님과 함께하니 사진도 한층 더 멋있게 나왔다.

"수업이 너무 좋았어요! 강릉 올 때마다 꼭 참석할게요!"라고 약속하셨다. 나중에 또 오셨을 때 농담 반 진담 반으로 "선생님이 한 번 수업해 주시면 어때요?"라고 슬쩍 제안해 봤다.
"아니에요~ 강릉에서는 저도 그냥 힐링하러 온 사람이에요!" 하며 웃으면서 정중히 거절하셨다. 요가 강사 일에 벗어나 수업을 받고 싶을 때도 있으니까.
늦가을에 다시 오셨을 땐, 서로 같은 요가 매트를 들고 마치 짜고 온 것처럼 비슷한 옷까지 입고 나타나서 서로 보고 깜짝 놀랐다.
"어머, 이거 우연이 맞아요?" "진짜 신기하다! 우리 텔레파시 있나?" 그때부터 친밀감이 확 늘어나서 가끔 안부 인사도 주고받는 사이가 되었다.

지금은 연락이 뜸하지만, 강릉에 오시면 다시 만날 수 있기를 바란다. 처음엔 요가 강사님 앞에서 수업한다는 부담감에 떨었지만, 알고 보니 털털하고 재미있는 분이어서 오히려 더 즐거운 시간을 보낼 수 있었다. 멋진 사진도 찍고, 서로 안부를 묻는 소중한 인연이 되었던 특별한 바다 요가의 추억이다.

귀여운 커플

6월의 어느 뜨거운 날, 여름의 열기와 함께 한 통의 메시지가 도착했다. "요가 수업에 참여하고 싶어요!"

문자 속 귀여운 이모티콘들과 상큼한 말투에서 벌써 젊은 에너지가 물씬 풍겼다. 턱선을 따라 경쾌하게 튀는 단발머리, 그리고 세상 모든 것이 새롭고 신기한 듯 반짝이는 눈망울. 스무 살 초반의 그 특유한 상큼함이 바닷바람에 실려 수업 분위기 전체를 밝게 만들었다.

몇 번의 수업이 지난 후 어느 날,
"이번엔 남자 친구랑 같이 가도 될까요?" 물어왔다.
그렇게 등장한 남자 친구는 어깨까지 기른 머리를 무심하게 질끈 묶은, 자유로운 영혼을 가진 듯한 인상이었다. 놀랍게도 요가 경험이 꽤 있는 듯 동작 하나하나를 제법 능숙하게 따라 했다.
서로의 자세를 보며 "어? 이렇게 하는 거야?" 하고 웃어대고, "아니야, 이렇게!" 하며 자연스럽게 서로를 도와주는 모습이 보는 이로 하여금 미소를 짓게 했다. 젊은 연애 시절 서로를 챙기려는 애틋한 눈빛들이 지나갔다.

시간이 흘러 귀여운 커플은 어느새 바다 요가의 단골, 아니 VIP 손님이 되어 있었다. 자연스럽게 대화를 나누다 보니 그들의 흥미진진한 스토리가 펼쳐졌다. "저희, 원래 서울 사람이에요. 그런데 부산 바다가 너무 좋아서 회사를 이직하면서 부산으로 이사 갔거든요. 그런데 이번엔 또 강릉이 좋아서….”

서울에서 태어나 부산 바다의 매력에 푹 빠지고, 이제는 강릉에서 새로운 삶을 개척하고 있는 용감한 젊은이들이었다. "바다 근처에서 살고 싶었어요"라는 그녀의 말에서 순수한 열정이 느껴졌다. 지역에서 나고 자란 나에게는 정말 부러운 용기였다. 안정적인 직장을 과감히 정리하고, 낯선 도시에서 새로운 인연들을 만들어가며, 각자 다양한 일을 하면서도 삶을 적극적으로 살아내고 있는 모습이 눈부셨다. '정해진 나이에 정형화된 삶이 답'이라고 생각해 온 나의 보수적인 사고방식과는 정반대였다. 물론 나도 경험을 중요하게 생각하지만, 그런 과감한 결단을 내릴 용기는…, 솔직히 없었다.

어느 날 아침, 택시에서 내리는 커플을 보고 '어? 어젯밤에 술 많이 마셔서 차를 못 가져온 건가?' 했는데, 알고 보니 이들은 평소에도 늘 택시를 타고 바다 요가에 참여하고 있었다! 여름이야 그렇다고 치더라도, 해가 늦게 뜨는 늦가을 새벽에는 칠흑 같은 어둠 속에서 택시를 부르고, 추위를 뚫고 나와주는 그 정성이 얼마나 고마웠는지. "에이, 오늘은 쉬자…." 하고 넘길 법도 한데, 그들에게는 바다 요가가 그만큼 소중한 일상이었다.

더 감동적인 건 바리스타인 남자 친구의 가끔 준비해 오는 핸드드립 커피였다. 새벽 일찍 일어나 원두를 갈고, 정성스럽게 내린 커피를 보온병에 담아 가져오는 그 마음이 얼마나 따뜻했는지. 쌀쌀한 바람에 커피 향과 맛은 더할 나위 없었다.

"이 정도 수고로움이면 나 같으면 벌써 포기했을 텐데…." 하는 마음에 궁금해서 물어 봤다. "이렇게 힘든데도 계속 나오는 이유가 뭐예요?"

"일어나서 나오는 순간의 피곤함보다, 요가 하고 나서 일주일을 살아갈 힘이 더 많이 충전되거든요!"

아, 그렇구나. 나 역시 바다 요가에서 삶의 기운을 충전 받고 있었는데, 이런 비슷한 에너지들이 서로를 같은 시간, 같은 공간으로 끌어당기는 보이지 않는 자석 역할을 하고 있었나 보다.

이 커플을 보고 있으면 문득문득 젊었던 시절의 내가 떠올랐다. 그때의 나는 과연 저렇게 순수하게, 오롯이 청춘을 즐기고 있었을까? 돌이켜보면 늘 뭔가에 쫓기고, 불안해하고, '이게 맞나?' 싶어 하며 젊음을 제대로 만끽하지 못했던 것 같다.

사회가 정해놓은 틀에 얽매이지 않고 자신들만의 속도로, 자신들만의 방식으로 삶을 개척해 나가는 모습이 정말 세련되고 진중했다. 겉보기엔 무모해 보일 수도 있는 선택들이지만, 그 안에는 자신들의 가치관과 철학이 단단히 자리 잡고 있다는 걸 알 수 있었다.

　바다 요가 매트 위에서 서로를 바라보며 웃는 그들의 모습, 추운 새벽에도 함께 나와 바다 앞에서 호흡하는 그들의 모습에서 '진짜 사랑'이 무엇인지, '진짜 젊음'이 무엇인지 배우게 된다.

　불편한 교통편에도 불구하고 꾸준히 바다 요가를 찾아와 준 이들에게 진심으로 고맙다. 젊은 에너지와 진정성 있는 참여로 수업장의 분위기를 한층 더 밝고 따뜻하게 만들어준 것도 큰 선물이었다.

　무엇보다 이들의 용기 있는 삶의 방식이 나에게는 큰 자극과 영감이 되었다. 안전한 길만 걸어온 나에게 '때로는 모험도 필요하다'라는 것을 일깨워준 소중한 친구들이다.

　앞으로도 이들이 바다처럼 넓은 마음으로, 파도처럼 역동적인 에너지로 자신들만의 아름다운 사랑 이야기를 써 내려가기를 진심으로 응원한다. 그리고 언제든 강릉 바다가 그리워지면, 이곳 바다 요가 매트가 여러분을 기다리고 있다는 것도 잊지 말아 주시길!

젊음이란 나이가 아니라 마음가짐이라는 걸, 이 사랑스러운 커플 덕분에 다시 한번 깨닫게 되었다.

부산에서 강릉으로 이사 온 모녀

　단발머리에 앳된 얼굴의 그녀가 바다 요가에 참여했을때, 솔직히 말하면 몇 번 오다가 금세 그만둘 거로 생각했다. 그런데 웬걸, 몇 달이 지나도록 꾸준히 참석하더니 해를 넘겨서도 변함없이 참석했다.

　대화를 나누다 보니 고향이 부산이라는데, 강릉이 좋아서 이곳으로 이사를 왔다고 했다. 몇 년 후에는 부모님까지 설득해서 함께 강릉으로 모셔 왔다는 것이다. 속마음으로는 '부산 같은 대도시를 놔두고 강릉이 뭐가 그리 좋다고?' 하는 의아함이 들었지만, 각자의 차이가 있는 것이고 부모님까지 고향을 버리고 이사 오셨다는 사실이 더 놀라웠다.

　어느 날 그녀가 "내일은 둘이 같이 올게요"라고 히기에, 아, 남편분과 함께 오시나 보다 했다. 다음 날 멀리서 걸어오는 두 사람은 한눈에 알 수 있을 정도로 걸음걸이부터 얼굴 윤곽까지, 마치 복사한 듯한 엄마와 딸이었다. "아, 진짜 모녀구나!" 하는 생각이 절로 들었다.

　막상 요가를 시작해 보니 어머님이 딸보다 훨씬 더 유연하신 거다. 어려운 동작도 제법 잘 따라 하시고, 때로는 젊은 사람들보다 더 안정적인 자세를 보여주셨다.

어머님은 타고난 분위기 메이커였다. 바다 요가 수업이 진행될 때마다 젊은 사람들 사이에서 전혀 어색해하지 않으시고, 오히려 먼저 말을 걸고 농담을 던지며 분위기를 한껏 살려주셨다.

"아이고, 우리 딸내미가 엄마보다 못하네!" 하시면서 장난스럽게 딸을 놀리시거나, "부산에서는 이런 바다가 없어서 매일 나와도 안 질려!" 하며 부산 사투리로 유쾌하게 얘기를 해주셔서 다들 웃음이 터져 나왔다.

어머님은 개인 마사지샵을 운영하신다며, 요가 후 어깨가 뭉쳐 있다고 하소연하는 사람들에게 즉석에서 마사지를 해주시는 것이었다.

"아이고, 여기 완전 돌덩이네! 가만있어 봐라." 하시며 능숙한 손길로 뭉친 근육을 풀어주시는데, 받는 사람마다 "아~ 시원해요!" 하며 감탄사를 연발했다.

심지어 어떤 날은 아로마 오일까지 가져오셔서 "이거 귀 뒤에 발라 봐라, 스트레스에 좋거든!" 하며 즉석 아로마 테라피까지 해주셨다. 값비싼 오일을 아끼지 않고 나누어 주시는 모습에 모두가 감동했다.

어머님의 베풂은 거기서 끝나지 않았다. 먼저 베풀어주시니 받은 사람들도 자연스럽게 감사한 마음으로 다른 이들에게 베풀게 되었다. 누군가는 수제 간식을 가져오고, 또 다른 이는 직접 만든 차를 나누어 주었다. 이런 선한 영향력의 순환이 바다 요가 모임을 더욱 따뜻하고 깊이 있게 해주었다.

아쉽게도 딸은 아이를 낳고 나서 한동안 요가에 참석하지 못하고 있다. 하지만 언젠가 아이와 함께 바다 요가에 나타날 날을 상상해 보니 벌써 기대가 된다.

할머니, 엄마, 아이 3대가 함께 바다 앞에서 요가를 하는 모습…. 그리고 할머니가 "우리 손자도 요가 잘하네!" 하며 부산 사투리로 자랑하실 모습을 그려보니 절로 미소가 지어진다.

부산에서 강릉으로 온 이 특별한 모녀는 우리에게 진정한 베풂이 무엇인지, 그리고 나이는 숫자에 불과하다는 것을 몸소 보여주신 소중한 분들이다. 다시 만날 그날까지, 건강하시길 바라며 감사한 마음을 간직하고 있다.

독립 서점 사장님

   긴 머리 남자에 대한 나만의 환상이 있다. 왠지 예술을 할 것 같고, 멋진 목소리로 무심하게 던지는 말 속에 따뜻함이 스며있는 그런 이미지. 물론 완전히 나만의 상상이지만 말이다. 그런데 정말로 그런 분을 만났다. '윤슬서림'이라는 아름다운 이름의 독립 서점 사장님이 바다 요가 수업 참여를 희망하신 것이다.

   평소 책을 사랑해서 시간이 날 때마다 독립 서점 탐방이 취미인 나에게 윤슬서림은 이미 익숙한 곳이었다. 분위기 좋은 무인 서점으로도 운영되는 그곳은 강릉 시내에서도 다소 외진 곳에 있었지만, 그 특별함을 알아보는 사람들의 발길이 끊이지 않았다. 사장님이 인스타그램에 올리시는 글들도 깊이가 있어서 늘 꼼꼼히 읽어 보곤 했는데, 어떤 분일지 항상 궁금했었다.

   드디어 그 궁금증이 풀렸다. 긴 머리의 사장님이 여자 친구분과 함께 나타나셨을 때, 내 상상이 현실이 된 기분이었다. 지인의 추천으로 오셨다고 하시는데, 살짝 끌려온 듯한 표정이 귀여우셨다.
   처음이라 그런지, 아니면 원래 낯을 가리시는 성격인지 조금 쑥스러워하시는 모습이 인상적이었다. 하지만 시간이 지나면서 차분히 동작을 따라 하시더니, 마지막 단체 사진에서는 환하게 웃으셨다. 특히 여자 친구분과 투샷을 찍을 때 보이신 그 미소는 정말 행복해 보였다.

　함께 모인 차담 시간에 서점 운영에 대해 그동안 궁금했던 걸 여쭈어보았다. 책의 선정이나 가게 운영 수입 등에 대해 궁금했던 걸 물었다. 서점을 시작하면서 많은 편견에 힘들어했고 서점 운영을 단 2년만 할 계획으로 시작하셨다는 것이다. 그 공간의 분위기와 서점 지기만이 가질 수 있는 특별한 아우라를 보며, 2년이라는 시간이 너무 아깝다는 생각이 들었다.
　하지만 다행히 사장님의 계획이 바뀌셨는지, 지금은 더 큰 곳으로 이전해서 서점을 운영하고 계신다. 더 많은 사람들이 찾는 유명한 책방이 되었고, 라디오에서 책 소개 코너까지 진행하고 계셨다.

　길을 지나다 윤슬서림을 볼 때마다 눈길이 간다. 혼자만의 내적 친밀감으로 반가운 마음을 전하며, 바다 요가에서 만난 그 낯가림 많던 사장님을 떠올린다.

　평소 책방에 대한 관심이 많은 나로서는 사장님에 대한 기대와 궁금증이 컸는데, 직접 만나 뵐 수 있어서 정말 반가웠다. 이제 더 큰 책방을 운영하며 더 많은 사람들에게 책과 문화를 전하고 계시는 사장님을 진심으로 응원한다.

그 긴 머리에 숨겨진 예술가의 감성이 더 많은 이들에게 전해지기를, 그리고 윤슬서림이 강릉의 대표적인 문화공간으로 자리 잡기를 바란다.

바다에서 만난 밍어롱라이터

5월의 새벽 바다는 평소와 달랐다. 구름이 두껍게 하늘을 덮어 일출의 붉은 기운을 감춰버렸고, 계절을 거스르는 차가운 바람이 파도와 함께 거칠게 몰아쳤다. 몇 년째 바다 요가에 꾸준히 참여해온 단골 회원이 친구와 함께 오겠다는 연락을 받았을 때, 나는 이런 날씨가 될 줄 몰랐다.

앳되어 보이는 얼굴에 수수한 차림새였지만, 어딘가 차분하고 깊이 있는 분위기를 풍겼다. 마치 조용한 호수 같은 고요함이랄까. 처음 바다 요가에 참석한다고 했지만, 전혀 어색해하지 않고 자연스럽게 매트를 깔고 준비하는 모습이 인상적이었다.

바람이 워낙 강해 요가 매트가 하늘로 날아갈 지경이었고, 이따금 흩뿌리는 빗방울이 피부를 차갑게 스쳤다. 처음 오신 분이 계시니 끝까지 해보고 싶었지만, 감기라도 걸릴까 봐 걱정되어 20분 만에 수업을 접을 수밖에 없었다.
"죄송해요. 날씨가 너무 안 좋네요." 미안한 마음을 전했지만, 두 분은 오히려 웃으며 괜찮다고 하셨다. 특히 처음 오신 분은 "이것도 바다의 매력 아닐까요?"라며 여유로운 반응을 보였다.

그래도 기념사진은 남겨야 했다. 추위에 떨면서도 둘씩 손을 맞대고 나타라자 아사나(댄서 포즈)로 단체 사진을 찍었다. 서둘러 정리하고 따뜻한 커피나 한잔 하려던 차에, 처음 오신 그분이 갑자기 요가 매트를 다시 펼치기 시작했다.

"바다 요가 첫 참석 기념으로 물구나무서기 영상을 찍고 싶어요."

일반인이 물구나무서기를 하는 건 쉽지 않은 일인데, 그분은 마치 깃털처럼 가볍게 두 다리를 번쩍 들어 올렸다. 복근의 단단한 힘이 느껴지는 완벽한 자세였다. 오랫동안 요가를 수련해 온 티가 났다.

"와! 대단해요!"

나도 모르게 환호와 함께 박수를 쳤다. 자연스럽게 제안도 했다.

"그럼 둘이 함께 투샷으로 물구나무서기 해볼까요?"

우리는 요가 매트를 나란히 놓고 동시에 물구나무를 섰다. 차가운 바람 속에서도 두 사람의 물구나무서기가 만들어낸 장면은 마치 예술 작품 같았다. 완성된 사진을 보며 우리는 아이처럼 즐거워했다.

헤어지기 아쉬워 근처 벤치에 앉아 대화를 나누던 중, 뜻밖의 사실을 알게 되었다. 이분이 바로 싱어송라이터라는 것이었다. 더 놀라운 건 나와 같은 요가와 달리기를 취미로 가지고 있다는 점이었다. 하고 싶은 이야기가 너무 많았다.

"혹시 어떤 노래를 부르세요?"

호기심을 감출 수 없어 바로 유튜브를 검색했다. 그리고 첫 곡을 들은 순간, 나는 완전히 매료되고 말았다. 맑고 청아한 목소리로 담백하게 불러내는 멜로디들이 귀에 쏙쏙 박혔다. 얼굴에서 풍기는 수수한 분위기와 완벽하게 어울리는 음색이었다.

노래 제목이 〈가끔 내 방에는 바다가 밀려온다〉라니. 바다에서 만나 바다 관련 노래를 부르는 가수라니! 이보다 완벽한 우연이 또 있을까? 마치 바다가 우리를 인연 지어 준 것 같은 기분이었다. 순간 새벽 바다에서 이분의 노래를 들으면 얼마나 좋을까? 파도 소리와 어우러진 그 맑은 목소리를 상상만 해도 가슴이 뛰었다. 하지만 이제 막 만난 사이에 노래를 불러달라고 하는 무례는 범하고 싶지 않았다.

집에 돌아와 다시 노래를 들었다. 차분해지는 마음과 들뜨지 않은 절제된 음색이 요가와 완벽한 조화를 이룰 것 같았다. 바다 요가와 음악 콘서트의 결합이라니, 생각만 해도 가슴이 설렜다.

혹시나 다시 한번 바다 요가에 참석하실 기회가 된다면, 그때는 정중히 한 곡 부탁드려보고 싶다. 물론 무리한 요청이 되지 않는 선에서 말이다.

가수라는 직업에 대한 경외감과 처음 만나서 느낀 반가움, 그리고 요가와 노래를 접목한 공연에 대한 기대감이 한꺼번에 몰려왔다. 어쩌면 이것이 바다가 선사한 가장 특별한 선물일지도 모른다.

그날 밤, 잠자리에 누웠을 때 문득 깨달았다. 구름 낀 하늘과 거친 바람, 차가운 빗방울까지도 모두 필요한 배경이었다는 것을. 만약 완벽한 날씨였다면 우리는 바쁘게 요가만 하고 헤어졌을 것이다. 하지만 예상치 못한 날씨 덕분에 일찍 끝난 수업, 그 덕분에 생긴 여유로운 시간이 특별한 만남을 선사해 준 것이다.

바다는 때로 예측할 수 없는 모습으로 우리에게 다가온다. 그날도 그랬다. 거친 바람과 차가운 비 뒤에 숨겨진 선물, 바로 음악과 요가가 만나는 새로운 가능성이었다.

언젠가 다시 그 바다에서, 파도 소리를 배경으로 울려 퍼질 그분의 노래를 상상하며 잠이 들었다. '가끔 내 방에는 바다가 밀려온다'는 가사처럼, 그날 밤 내 마음에도 따뜻한 바다가 밀려와 머물렀다.

갑분 엄마

"내일도 요가하니?"

"네, 엄마 왜요?"

"내가 가보려고."

"진짜? 갑자기? 혼자요? …그럼 6시까지 나오세요. 엄마, 집에 있는 요가 매트 꼭 가지고 오시구요."

갑자기 엄마가 전화를 걸어 바다 요가에 온다고 하셔서 당황했다. 엄마의 나이는 82세. 늙음이 한창인 나이인데 말이다. 그동안 같이 사는 언니에게 몇 번 가자고 했었는데 언니가 일찍 일어나기 힘들어 계속 못 왔던 모양이다. 궁금하던 차에 혼자서라도 나올 결심이 섰는지 전화하신 거다. 전화를 끊고 나서 엄마가 혼자라도 오고 싶어 할 정도로 궁금하셨다는 걸 알고 나니, 진작 한 번 모시고 올걸 하는 나의 무심함이 반성 되었다.

바다에 도착하니 엄마가 먼저 나와 계셨다. 손에 돗자리를 들고서…. 막무가내 정신이 염려스러워 그렇게 요가 매트를 가지고 오라고 당부했는데, 아니나 다를까 그냥 손에 잡히는 대로 돗자리를 들고 오신 것이다. 집에 요가 매트가 없다면 할 말이 없지만, 지난주에 요가 매트를 무료로 받았다는 얘기를 들었던 참이었다. 그

나마 빛이 반사되는 은박돗자리를 챙겨오지 않으신 게 다행이라는 생각이 들었다. 엄마의 엉뚱발랄한 생각을 읽지 못한 나를 탓하며, 내가 미리 준비해 드리면 될 것을. 잠시 참회의 시간을 가졌다.

돗자리를 깔고 백사장에 앉아 호흡을 가다듬으며 수업을 시작했다. 엄마가 옆에 계시다고 생각하니 긴장되기도 했고, 뿌듯한 마음과 감사함, 즐거움 등 여러 감정이 교차했다. 엄마와 시선을 마주치지 않으려 노력했다. 엄마를 보면 뭉클한 감정이 올라와 눈물이 날 것 같기도 했고, 한편으로는 귀엽고 아사나를 따라 하는 모습에 웃음이 터질 것 같았다. 예전에 같이 요가를 배울 때 오른쪽 왼쪽을 헷갈리며 반대로 하거나, 설명을 듣고 하는 동작들을 어려워하셨던 경험이 있어서 더 그랬다.

수업 중간쯤 오른쪽으로 상체를 비틀고 손을 허벅지 뒤로 넘겨서 뒤에서 잡는 어려운 동작에서, 엄마 혼자 엉터리 동작을 하며 헤매고 계셨다. 그 모습이 너무 웃기고 귀여워 웃음이 터져 나왔다. 같이 참여하는 수강생들이 갑자기 웃는 내 모습에 어리둥절 놀라셨다. 엄마가 오셔서 웃음이 나왔다고 상황을 설명하고 웃음을 참으며 수업을 이어 나갔다.

팔십이란 나이가 무색하게 운동하시고, 호기심 가득한 모습을 보니 아직도 열정이 한창인가 보다. 82세의 나이에도 새로운 것에 도전하는 용기, 혼자서라도 나서는 당찬 정신력, 그 모든 것이 내 가슴을 뜨겁게 만들었다. 다들 엄마가 대단하고 보기 좋다고 말씀해 주셨다. 나는 이런 엄마가 자랑스러웠다. 내가 열심히 열정적으로 사는 게 바로 엄마의 DNA를 물려받았나 보다.

함께 단체 사진도 찍고 손을 마주 잡고 나타라자 아사나로 사진도 찍으면서 엄마와 또 하나의 소중한 추억을 남겼다. 어릴 때는 엄마와 내적 유대가 많지 않았다. 그 시절엔 살아내기에 바쁘고 아이들이 많다 보니 하루하루가 힘든 세월이었을 것이다.

결혼하고 아이를 낳으면서 어릴 적 한없이 어른 같았던 엄마도 삼십 대였구나 하는 생각이 들었다. 아무것도 모를 서른 살의 엄마 나이를 생각해 보게 되고, 엄마도 참 어리고 힘들었겠구나, 하는 삶의 무게가 느껴졌다. 그런 어려운 시절을 견뎌내며 우리를 키워주신 엄마의 희생과 사랑이 얼마나 깊고 숭고했는지 새삼 가슴 깊이 느껴졌다.

어릴 적 엄마는 한없이 높은 하늘 같았는데, 커가면서 엄마의 삶에 공감하게 되고, 늙어가는 엄마는 이제 내가 온 마음을 다해 보살펴야 하는, 세상에서 가장 소중한 존재가 되었다. 엄마는 익어가고 나는 열매를 맺으며, 시대의 간격이 점점 좁혀지는 것 같다.

엄마, 부르기만 해도 뭉클해지는 단어. 당신의 강인한 의지와 따뜻한 사랑이 오늘의 나를 만들어주었습니다. 건강히 우리 곁에 오래오래 머물러 주세요. 진심으로, 마음 깊이 사랑합니다.

3부
바다와 함께하기

요가와 독서를 통해
우리가 믿는 가장 소중한
자산도 눈에 보이지 않는다―
평온함 기쁨 고마움 내적평강
이런 것들은 측정할 수 없지만
삶을 더욱 풍요롭게 만든다
ⓒ바다 요가

요가+러닝

어느 날 러닝크루 대표님으로부터 디엠을 받았다. 함께 운동하고 싶다고. 그동안 광고성 디엠도 많았던 터라 별다른 의사가 없었는데, 주기적으로 달리기 디엠을 보내셔서 서서히 관심이 가기 시작했다. 조금 달리고 싶은 마음이 생기기도 했다.

20대 초반에 10km 마라톤을 참가해 본 적도 있었는데, 출산하고 나이가 들면서 달리기의 숨참과 힘듦이 싫어 외면하고 있었다. 그때는 1시간 안에 완주했던 기억이 있지만, 지금의 나는 과연 그때의 체력을 유지하고 있을까 의문이 들었다.

망설이고 있던 차에 다시 연락이 와 그날 바로 만나기로 정했다. 요가와 달리기를 함께 하고 싶다고 하셨다. 토요일만 요가 수업을 하고 있던 터라 일요일을 수업하는 날로 정하고, 요가를 하고 달리기를 하기로 했다. 나도 새로운 도전을 하고 싶었다.

다행히 많은 분이 흥미를 보이셨고, 첫 수업은 성황리에 시작되었다. 요가 수업으로는 가장 많은 15명이 모였고, 러닝크루도 창설 이래 가장 많은 사람들이 함께 뛰었다고 하셨다.

첫 달리기는 5km를 목표로 중간중간 쉬면서 천천히 진행되었다. 1km마다 30초씩 걷기 휴식을 가졌는데도, 쉬지 않았다면 따라가지 못할 정도로 숨이 차고 다리가 아팠다. 특히 종아리와 허벅지 앞쪽 근육이 뻣뻣해지면서 마치 돌덩이를 끌고 뛰는 기분이었다.

운동을 안 하진 않았지만, 뛰는 운동은 또 다른 힘듦이 있었다. 요가로 단련된 코어 근육과 유연성도 달리기 앞에서는 무력했다. 그래도 오랜만에 숨찬 유산소 운동은 몸을 더 강하게 만들어주는 기분이 들었고, 계속 달리다 보면 조금 덜 힘들어지겠지라며 마음을 다독였다.

몇 번의 요가 수업과 달리기 후, 경포 바다 마라톤 대회가 10월에 있다는 소식을 전하셨고 같이 참여해 보자고 제안하셨다. 자신은 없었지만 같이 뛰는 사람들이 모두 신청하고 함께 하자고 북돋아 주셔서, 아직 시간이 3개월이나 남았으니 연습하면 될 것도 같았다. 또 20대 초반에 마라톤을 경험한 적이 있어서 '해보자'라고 의지를 다졌다.

일요일마다 새로운 루틴이 생겼다. 요가 후 러닝으로. 하지만 뛰는 건 계속 힘들고 피곤했다.
점점 자신이 없어지고 요가만 하고 뛰는 건 쉴 때도 있었다. "오늘은 비가 올 것 같은데" "어제 늦게 잤는데" "다음 주에 더 열심히 하자"라는 핑계들이 늘어갔다. 개인적인 일정도 있고 힘든 달리기를 꺼리면서 시간도 점점 흘렀고, 마라톤 대회가 코앞으로 다가왔다.

2주 정도의 시간이 남으니 과연 완주할 수 있을까 하는 걱정이 앞섰다. 포기할까? 다른 사람에게 양도할까? 신청한 것에 대한 후회와 열심히 운동하지 않은 나를 탓하며 빨리 마라톤이 끝나길 기다렸다. 밤마다 '만약 중간에 포기하면 어떻게 하지' '다른 사람들에게 폐가 되는 건 아닐까' '구급차를 불러야 하는 상황이 오면 어떡하지'라는 생각들이 꼬리를 물었다.

마지막 주는 마라톤 정식 코스로 연습하고 나의 페이스를 지키도록 노력했다. 오래 달려야 하는 만큼 초반에 너무 빨리 달리면 중간에 퍼질 수 있으니, 나만의 속도로 달리는 게 중요하다는 생각이 들었다. 천천히 달려 다행히 반환점까지 쉬지 않고 달려올 수 있었지만, 그 후 허벅지가 너무 아프고 숨이 차 자꾸 걷고 싶었다. 6분 뛰고 1분 걷고, 4분 뛰고 2분 걷고를 반복하다 다른 크루분들보다 15분이나 늦게 도착해 죄송한 마음이 들었다.

결전의 날이 얼마 남지 않았다.

대회 당일, 역시나 새벽은 요가로 몸을 풀고 대회 장소로 출발했다. 아침 6시, 평소보다 1시간 일찍 일어나 30분간 가벼운 스트레칭과 호흡 요가로 긴장을 달랬다.

환복 후 번호표도 달고 신발 끈도 꽉 묶고 기록 칩도 신발에 부착했다. 출발시간이 다가오니 떨렸다. 심장이 평소보다 빠르게 뛰고, 손바닥에 땀이 촉촉하게 맺혔다. 오랜만에 느껴보는 떨림이라 '가끔씩 이런 느낌도 가질 만하다'라는 생각이 들었다.

사진도 찍고 서로 수다도 떨면서 긴장을 조금씩 풀어냈다. "걱정 마세요, 천천히 가면 돼요" "저도 처음인데 같이 해봐요"라는 따뜻한 격려들이 마음을 편하게 해주었다.

폭죽 소리와 함께 하프 코스 주자들이 먼저 출발했다. 하프코스는 '내 인생에 도전해 볼 날이 있을까' 싶은, 참가자들이 대단하다는 생각밖에 들지 않았다. 10km 참가자들도 천천히 출발선으로 움직였고, 정해진 시간이 되자 출발이 시작되었다.

다다다닥 수백 명의 발소리와 함께 드디어 출발이다.

출발선의 타임라인을 지나고 천천히 뛰기 시작했다. 최대한 페이스를 유지하기 위해 다른 사람에 휘둘리지 않게 속도를 맞춰 나가고, 코스를 알고 있는 덕분에 '저기까지만 가자' '얼마 남지 않았다'라며 마음을 다잡으며 발걸음을 옮겨 나갔다.

제법 편안하게 호흡하면서 주변 풍경도 즐기려 했다. 경포호수의 잔잔한 물결, 아침 햇살에 반짝이는 바다, 응원하는 시민들의 환한 미소들이 눈에 들어왔다.

'이 많은 사람들이 무얼 위해 뛰는 걸까, 어떤 생각을 하며 뛸까'라는 생각도 하면서 반환점까지 도착했다.

허벅지 앞쪽이 뻣뻣해지기 시작했고, 호흡이 점점 거칠어졌다. 음수대를 지나면서 '잠깐 걷자'라는 생각을 하면서 달렸다. 컵에 담긴 물을 마시며 큰 보폭으로 30초간 걸었다가, 호흡이 조금 가라앉으면 다시 뛰고를 반복했다. 되도록 걷지 않으려 했지만, 7km 지점부터는 무릎이 시큰거리며 매 걸음이 무거워졌다.

'이제 3km만 더, 2km만 더, 1km만 더….'

무거운 발걸음을 옮기며 마음속의 위안을 계속 반복하다가, 드디어 결승점이 보였다. 많은 사람들의 "파이팅! 거의 다 왔어요!" 하는 응원 소리와 마지막 스퍼트를 올리며 달려오는 주자들의 거친 숨소리를 들으며, 드디어 도착했다는 안도감이 밀려왔다.

두 손을 번쩍 들며 피니시 라인을 밟았다.

"아, 해냈다."

정말 할 수 없을 줄 알았고 후회했던 시간이 더 많았는데, 이렇게 또 마무리 지을 수 있어서 너무 감사한 마음이 들었다. 기록은 1시간 7분, 목표했던 1시간 10분보다 3분 빨랐다.

진짜 뭐든 도전해 봐야 아는 것 같다. 내 몸 안에 나이테의 역사가 쌓여가는 느낌이었다. 그동안 도전에 대해 점점 시들해져 가던 나의 마음에 불씨가 되어, 내년에도 또 참가하고 싶은 생각이 들었다.

삶에서의 작은 도전들이 내 삶을 더 풍요롭게 해준다.

힘든 마라톤을 완주해 낸 내 자신이 기특했다. 함께 만들어준 크루님에게도 감사한 마음이 들었고, 달리기에 대한 새로운 재미도 알게 되었다.

대회가 끝나고 뒤풀이에서 "내년엔 하프에 도전하자"라고 하시던데, 바로 "안 돼요!" 하고 고개를 저었지만…, 내년에 또 하고 있지 않을까 싶다.

나의 새로운 도전은 또다시 계속될 테니까.

요가+굿즈

요가 지도자 과정을 처음 배울 때 가장 큰 벽은 아사나 이름을 외우는 것이었다. 산스크리트어로 된 요가 언어는 처음 접하는 나에게 마치 암호 같았다. '파리브르타 자누시르사사나(Parivrtta Janu Sirsasana)', '우르드바 프라사리타 에카파다사나(Urdhva Prasarita Eka Padasana)' 같은 이름들은 읽기조차 버거웠다.

해결책으로 작은 스케치북을 준비했다. 수업 중 배운 아사나를 간단한 선 그림으로 그리고, 그 옆에 산스크리트어 이름과 한국어 뜻을 적어두었다. 운전하면서, 일하면서 잠들기 전 침대에서 이 작은 노트를 꺼내 반복해서 봤다.

몇 달이 지나자 단어의 조합이 보이기 시작했다. '우르드바(Urdhva)'는 '위로', '프라사리타(Prasarita)'는 '뻗은', '에카(Eka)'는 '하나', '파다(Pada)'는 '다리'라는 뜻이었다. 마치 레고 블록을 맞추듯 단어들이 조합되어 동작의 의미를 만들어내는 것이 흥미로웠다.

수년간 요가를 수련하면서 몸으로 느끼는 각 아사나의 특별함을 그림으로 표현하고 싶어졌다. 전사자세를 할 때 느끼는 내면의 강인함, 비둘기 자세에서 경험하는 가슴의 열림, 나무자세에서 찾는 중심과 균형감…, 이런 미묘한 감정들을 색깔과 선으로 담고 싶었다.

엽서 크기의 두꺼운 종이를 사서 하나씩 그리기 시작했다. 72색 색연필로 요기니의 실루엣을 그리고, 각 아사나의 느낌에 맞는 배경을 더했다. 달의 경례에는 은은한 보라색 밤하늘을, 태양 경례에는 따뜻한 주황빛 일출을 배경으로 그려 넣었다. 요가 소품들도 함께 그려 넣었다-볼스터, 블록, 스트랩, 그리고 은은하게 피어오르는 인센스 연기까지.

블로그에 올린 이 그림들을 보시고 요가 관련 글을 쓰시는 한 블로거분이 연락을 주셨다. "그림이 너무 예뻐서 제 글에 첨부하고 싶은데 괜찮을까요?" "그럼요! 저에게도 영광입니다" 내 그림이 누군가에게 도움이 된다는 사실이 뿌듯했다.

종이에 그린 그림들의 한계를 느끼기 시작했다. 수정이 어렵고, 복사나 확대에 제약이 있었다. 더 자유롭게 활용할 수 있는 디지털 그림에 도전하기로 했다. 아이패드와 애플펜슬을 사고, 프로 크리에이트 앱을 다운받았다.

하지만 현실은 생각보다 가혹했다. 유튜브 튜토리얼을 보며 따라 해도 손가락이 말을 듣지 않았다. 브러시 설정 하나 바꾸는 것도 헤맸고, 레이어 개념도 혼란스러웠다. 몇 시간 공들여 그린 그림이 실수로 지워지기도 했고, 색칠하다가 선이 번져서 처음부터 다시 시작하는 일도 부지기수였다. 한 달 넘게 혼자 끙끙댔지만, 발전이 없었다. 유튜브만으로는 한계가 명확했다.

답답한 마음에 동네 미술학원들을 알아봤다. 대부분은 아동 미술이나 입시 미술 위주였는데, 다행히 성인 대상 디지털 드로잉 개인 수업을 하는 곳을 찾았다. 첫 수업에서 그동안의 궁금증들을 폭포수처럼 쏟아냈다. 이렇게 간단하고 쉬운 걸 혼자서 낑낑대고 헤맨 시간이 아까웠다. 4주간의 수업 동안 기본기를 탄탄히 다졌다. 선 그리기부터 시작해서 채색, 그림자와 하이라이트 표현까지 차근차근 배웠다.

수업이 끝나갈 무렵, 나를 모티브로 한 요기니 캐릭터를 완성했다. 긴 생머리에 레깅스와 탑을 입은 모습으로, 다양한 아사나를 취할 수 있도록 디자인했다. 이 캐릭터로 20여 개의 아사나를 그렸다 - 기본자세부터 고난도 아사나까지.

완성된 그림들을 실제 제품으로 만들어보고 싶었다. 평소 요가 수업 중 "작은 타월 하나씩 있으면 좋겠다"라는 생각을 자주 했던 터라, 요가 타월을 첫 굿즈로 결정했다. 시중에 나온 요가 타월들을 살펴봤지만, 대부분 단색이거나 단순한 패턴이었다. 내가 원하는 것은 예쁘면서도 요가의 철학이 담긴 디자인이었다.

봄 시즌에 맞춰 '벚꽃 엔딩' 시리즈로 기획했다. 핑크빛 벚꽃잎을 중간중간 그려 넣고 나의 캐릭터를 그려 넣었다. 요가 타월 최소 수량이 100장이라 돈은 조금 들었지만, 수강생들과 주변 지인들에게 선물하려고 제작했다. 그리고 바다 요가 시즌을 마무리하는 매년 10월의 마지막 참가자들에게 선물로 주었다.

첫 샘플을 받았을 때의 감동은 지금도 생생하다. 내 그림이 실제 제품이 된 것이 신기하고 뿌듯했다. 타월의 성공에 힘입어 다른 제품들도 도전했다.

일출을 배경으로 물구나무서는 장면을 그려 커버업 티셔츠로 제작했고 다양한 사이즈의 에코백도 만들었다. 내가 원하는 정확한 사이즈로 제작하여 매 수업마다 싱잉볼, 인센스, 물병을 들고 다니는 나만의 애착템이다.

수강생들과 바다 요가에 참석하신 분들의 반응이 뜨거웠다. "어디서 샀어요?" "나도 하나 갖고 싶어요" "단체티로 맞춰요"라는 말을 자주 들었다. 인스타그램에 올린 사진을 보고 구매 문의를 하는 분들도 계셨다. 하지만 본격적인 판매는 시기상조라고 판단

했다. 현재는 지인들에게 선물하거나 특별한 요가 이벤트 때 기념품으로 나눠주는 정도로 만족하고 있다.

　앞으로의 꾸준히 그림 실력을 늘려가며 다양한 제품군으로 확장해 보고 싶다. 언젠가는 작은 온라인 스토어를 열어서 같은 마음을 가진 요기들과 나의 작품을 나누고 싶다. 하지만 그보다 먼저 더 많은 연습과 경험이 필요하다는 것을 알고 있다.

　지금은 그림 그리는 즐거움과 그것을 실제 형태로 만들어내는 성취감으로 충분히 만족스럽다.

요가+책

중학교 때 언니가 건네준 《어린 왕자》 한 권이 내 인생을 바꿨다고 해도 과언이 아니다. 그 작은 책 속에서 "길들여진다는 것"의 의미를 처음 알았고, 보아뱀 그림 속에 숨어있는 코끼리를 발견하며 세상을 보는 새로운 눈을 얻었다. 장미꽃을 향한 어린 왕자의 마음을 읽으며 가슴 한구석이 따뜻해지는 것을 느꼈다. 그때부터였다. 책이 단순한 글자의 나열이 아니라 마음을 움직이는 무언가라는 걸 깨달은 것은.

학창 시절, 공부가 우선이어야 했지만 나는 틈만 나면 책을 읽었다. 김진명의 《무궁화 꽃이 피었습니다》에 빠져 밤새 읽다 수업 시간에 졸아 선생님께 들켰던 일이 지금도 선명하다.
"어제 뭘 했길래 이렇게 졸아?" 호통치시는 선생님 앞에서 기어가는 목소리로 "책을 읽다가 늦게 잤어요"라고 대답했다. 나행히 선생님은 "책을 읽었다고?" 하시며 칭찬해 주셨다. 덕분에 책에 대한 기억이 나빠지지 않았다.

토요일 학교가 끝나면 - 그 시절엔 토요일도 학교를 갔으니까 - 친구들과 떡볶이나 쫄면을 먹고 꼭 서점에 들렀다. 신간을 확인하고 베스트셀러는 어떤 책인지 살펴보는 것이 나의 소소한 즐거움이었다. 트레이시 슈발리에의 《꽃들에게 희망을》 같은 얇은 책은 서점 구석 자리에 앉아 그 자리에서 다 읽고 나오기도 했다. 그 시절의 나는 책 속에서 위로를 찾고, 용기를 얻고, 세상을 이해하는 방법을 배웠다.

대학에 입학하고 나서는 음주가무에 빠져 책과 멀어졌다. 그래도 마음이 헛헛하거나 우울할 때면 여전히 책을 찾았다. 도서관을 자주 다니며 꾸준히 책을 빌렸지만, 끝까지 읽지 못하고 반납하는 책들이 더 많았다. 그럼에도 책과 가까이 있다는 것만으로 위안을 받았다. 책을 읽는다는 건 마음이 단단해지는 일이라고 생각했다. 책에서 용기를 얻고, 타인의 마음을 이해하는 포용을 배웠다. 언젠가는 나도 책을 써보고 싶다는 막연한 꿈을 품으며, 좋은 구절들을 메모하고 필사하며 독서 다이어리를 작성해 읽은 책들의 흔적을 남겨두었다.

세월이 흘러 나는 요가를 가르치게 되었다. 수업 마지막에 하는 명상 시간에, 그날의 기운이나 수업의 흐름에 따라 긍정적인 이야기들을 들려주곤 한다. 그럴 때마다 책에서 읽었던 좋은 구절들을 나누고 싶은 마음이 들었다. 책을 좋아하시는 수강생분들이 많다면, 돌아가며 감동적인 구절을 읽어주는 형태의 마무리도 해보고 싶다.

요가를 하면서 깨달은 것이 있다. 요가와 독서가 놀랍도록 비슷한 결의 취미라는 것이다. 둘 다 고요히 자신을 정진하고 내면을 단단히 만드는 일들이다. 요가가 몸의 근육을 기른다면, 독서는 정신의 근육을 키운다. 몸과 정신의 근육을 함께 키울 수 있다면 얼마나 좋을까. 그래서 요가 후 독서 모임도 추진해 보고 싶다. 함께 책을 읽고 이야기를 나누며, 요가 매트 위에서 얻은 평온함을 독서를 통해 더욱 깊게 만들어가는 시간. 상상만 해도 마음이 따뜻해진다.

더 나아가 언젠가는 '요가하는 책방'을 만들고 싶다는 꿈도 품고 있다. 책이 가득한 공간에서 요가를 하고, 글자들이 부유하는 공기와 쿰쿰한 종이 냄새가 섞여 책들의 속삭임을 들으며 몸을 움직이는 요가. 아직은 현실적으로 힘들지만, 언젠가 마음이 닿으면 할 수 있는 기회가 있으리라 본다. 내가 만들지 못하더라도 그런 공간이 있다면 꼭 한번은 요가를 해보고 싶다.

요가 매트 위에서 호흡을 가다듬으며 몸의 소리에 귀 기울이는 것과, 책장을 넘기며 작가의 마음에 귀 기울이는 것은 본질적으로 같은 행위가 아닐까. 둘 다 현재 이 순간에 온전히 집중하며, 자신의 내면과 마주하는 시간이다. 요가를 통해 얻은 집중력과 평온함이 독서의 몰입도를 높이고, 책에서 얻은 철학적 통찰과 감정적 깊이가 요가 수행에 의미를 더한다.

어린 왕자가 "중요한 것은 눈에 보이지 않는다"라고 했듯이, 요가와 독서를 통해 우리가 얻는 가장 소중한 것들도 눈에 보이지 않는다. 평온함, 집중력, 공감 능력, 내적 성장. 이런 것들은 측정할 수 없지만 삶을 더욱 풍요롭게 만든다.

지금 당장은 작은 것부터 시작해 보려 한다. 요가 수업 마지막 명상 시간에 좋은 구절을 나누고, 관심 있는 수강생들과 소규모 독서 모임을 만들어보는 것. 그렇게 한 걸음씩 나아가다 보면, 언젠가는 책과 요가가 만나는 아름다운 공간을 만들 수 있지 않을까.

중학교 때 언니가 건네준 《어린 왕자》 한 권이 시작이었다. 그 작은 책이 내게 준 감동이 지금도 요가 매트 위에서, 그리고 새로운 책을 펼칠 때마다 되살아난다. 책과 요가, 그 고요한 만남 속에서 나는 계속해서 성장하고 있다.

요가+어싱(Earthing)

　처음 어싱(Earthing)을 접한 것은 우연이었다. '생로병사의 비밀'에서 맨발 걷기의 효능을 다룬 방송을 보고 반신반의했던 것이 사실이다. 허리디스크 수술을 앞두고 있던 한 분이 맨발 걷기만으로 수술 없이 완치되었다는 이야기는 너무나 극적이어서 믿기 어려웠다. 하지만 직접 체험해보니 그것은 결코 과장이 아니었다.

　여름 이른 아침, 파도가 철썩이며 만들어내는 시원한 바닷물에 발을 담그고 해안선을 따라 걸었다. 파도에 의해 부서져 미세해진 모래알들이 발바닥의 경혈을 자극하며 자연스러운 지압 효과를 만들어냈다. 30분 정도 걷고 나니 정말로 다리가 날아갈 듯 가벼워졌다. 오랫동안 앉아서 일하며 뭉쳤던 종아리와 발목의 긴장이 완전히 풀어진 것이다.

　어스름이 드는 저녁에도 걸어보고, 한낮 양산을 쓰고도 걸어보았다. 시간대마다 다른 매력이 있었지만, 공통점은 걸을 때마다 몸과 마음이 한결 가벼워진다는 것이었다. 특히 해송 숲속 솔밭을 맨발로 걸을 때는 솔잎의 부드러운 감촉과 소나무 향기가 어우러져 마치 자연 속에서 명상하는 듯한 평온함을 느꼈다.

송정해변은 어싱을 위한 천국과도 같은 곳이다. 해변을 따라 길게 뻗은 해송 숲은 도시의 매연과 소음을 차단하고, 피톤치드 가득한 청정한 공기를 선사한다. 부드러운 모래사장은 발에 자연스러운 쿠션을 제공하고, 끝없이 펼쳐진 수평선은 마음의 지평까지 넓혀준다.

요가 후 어싱은 요가로 깨어난 몸의 에너지가 맨발을 통해 대지로 순환되면서 운동 후 개운한 느낌을 극대화해 줄 것이다. 송정해변의 해송 숲과 모래사장에서 펼쳐지는 이 작은 기적을 더 많은 사람들과 나누고 싶다.

맨발로 대지를 걷는다는 것은 자연과 하나 되는 또 다른 느낌의 힐링 시간이 될 것이다.

에필로그

　과거의 나를 후회하지 않고 미래의 나를 걱정하지 않는 현재를 행복하게 살고 싶었다. 되도록 많은 날이 즐겁고 유쾌하게, 웃는 날이 많아지도록. 그런 날들이 모여 내 인생이 즐겁고 행복했다고 기억되기를 바랐다.

　남들보다 조금 단단한 마음으로, 거센 파도가 몰아치기보다는 잔잔한 파도를 안고 살아갈 수 있게. 몸과 마음을 단련해 내는 일들이 좋았다.

　그렇게 하루하루 살아가고 새로운 배움으로 도전하고, 해보지 않았던 일들을 겪어내면서 날것의 나를 마주하고 또 다른 나를 발견하기도 했다. 이런 생각으로 지금까지 살아왔던 이야기들을 편하게 풀어낸 것 같다. 작은 불행에 휘둘리지 않게 작지만, 강한 사람으로 마음을 키워냈다.

　강릉 바다가 매일 다른 모습으로 나를 맞이하듯, 나 또한 매일 조금씩 다른 나로 살아가고 있다. 그리고 그 모든 순간이 소중하고 그 모든 변화가 감사하다. 이 책을 덮는 지금, 이 순간에도, 내

일의 나는 또 어떤 새로운 모습일지 궁금하고 기대된다. 그것만으로도 충분히 행복하고 감사하다.

. . . . .

> 당신의 바다는
> 삶을 받아쓰는 당신을 응원합니다.

책 제목 강릉 바다 요가
2025년 8월 5일 1판 1쇄 펴냄

글쓴이 조은복(복부인)
펴낸이 김민섭
펴낸곳 당신의바다

출판등록
주소 강원특별자치도 강릉시 강릉대로 217 3층
이메일 xmasnight@daum.net

ISBN 979-11-93847-40-4 (03810)

만든 사람들
감수 이유나　**디자인** 김현아